GUSTAVO VARGAS MARTÍNEZ

Simón Bolívar

Semblanza
y documentos

FONDO 2000
Cultura para todos

FONDO DE CULTURA ECONÓMICA
MÉXICO

Primera edición, FCE, 1998

D. R. © 1998, FONDO DE CULTURA ECONÓMICA
Carretera Picacho-Ajusco, 227; 14200 México, D. F.

ISBN 968-16-5594-X

Impreso en México

Simón José Antonio de la Santísima Trinidad Bolívar y Palacios nació el 24 de julio de 1783 en lo que aún era la Capitanía General de Caracas. Habiendo quedado huérfano a temprana edad, a los dieciséis años viajó a México, Cuba, Francia y, tres años más tarde, en Madrid, España, contrajo matrimonio con María Teresa del Toro y Alayza, quien murió pocos meses después, en 1803, en Caracas. Al año siguiente, Bolívar volvió a Europa y también visitó varias ciudades de los Estados Unidos, en un viaje que duró dos años y motivó en él un juramento —pronunciado en el Monte Sacro de Roma— que cambiaría el rumbo de su vida y el de Hispanoamérica: "No daré descanso a mi brazo ni reposo a mi alma hasta que no haya roto las cadenas que nos oprimen por voluntad del poder español".

Así, desde 1807 se integró a las reuniones secretas y a la lucha revolucionaria por la independencia de Venezuela, que finalmente se declaró en 1811.

A partir de entonces su actividad política y sus campañas militares se intensificaron, convirtiéndolo en el máximo héroe de las guerras de independencia de Bolivia, Ecuador, Colombia, Perú y Venezuela, así como en uno de los hombres más cultos y admirados de América; la práctica encarnación de los ideales americanos.

En 1826 Bolívar era presidente de Colombia, Perú y Bolivia, promovía la unión de todas las repúblicas hispanoamericanas y se encontraba en la cúspide de su poder. Pronto aparecieron los signos de la disgregación e incluso amenazas a su vida. Su amante, Manuela Sáenz, llegó a salvarle de un atentado en 1828 y, dos años más tarde, Bolívar buscó refugio en la vieja hacienda de San Pedro Alejandrino, donde murió el 17 de diciembre de 1830. Su cuerpo hoy reposa en el Panteón Nacional, en la ciudad de Caracas.

FONDO 2000 presenta en estas páginas una semblanza clara y muy completa de Simón Bolívar escrita por el doctor Gustavo Vargas Martínez, profesor e investigador de la Escuela Nacional de Antropología e Historia y reconocido bolivarista. Autor de diversos estudios sobre Bolívar, el doctor Vargas Martínez ofrece en estas páginas un retrato biográfico que no por conciso deja de ser bastante detallado. Complementan su texto dos documentos del propio Bolívar, que revelan su pensamiento y reflejan los ideales más prístinos de nuestra América.

Bolívar: biografía inicial

I

*F*ue el más completo de los americanos, *Libertador* por antonomasia, fundador de la primera Colombia, héroe máximo de la independencia de Bolivia, Ecuador, Nueva Granada —actual Colombia—, Panamá, Perú y Venezuela, seis repúblicas de hoy. Se le puede considerar como uno de los hombres más cultos del Nuevo Mundo. No nació ni pobre ni revolucionario, sino en cuna de rancia aristocracia *mantuana,* dueño de una rica fortuna entonces representada por minas, haciendas cacaoteras y cientos de esclavos, y educado con refinamiento. Por lo mismo, aunque por sus orígenes sociales muy distanciado de las necesidades populares, bien pudo ser un golilla más, representativo del poder colonial, o un desalmado explotador de su propio pueblo. Sin embargo, su desinterés personal, su clari-

5

vidente inteligencia y la indignación que le producía la injusticia, hicieron que a la vuelta de pocos años y después de unas cuantas decisiones radicales, se pusiera al frente del más profundo y vigoroso movimiento emancipador llevado a cabo en América del Sur. Murió pobre porque toda su fortuna la invirtió en la revolución.

Simón José Antonio de la Santísima Trinidad Bolívar y Palacios, hijo del coronel Juan Vicente y de María Concepción, nació en Caracas, Venezuela, el 24 de julio de 1783 y vivió 47 años, 4 meses, 23 días; murió en el casco de un trapiche llamado San Pedro Alejandrino, en las proximidades de Santa Marta, Colombia, el 17 de diciembre de 1830.

Huérfano de padre cuando contaba tan sólo dos años y medio, en 1786, y de madre a los nueve años, en 1792, fue llevado a vivir con su abuelo materno Feliciano Palacios, y a su muerte quedó al cuidado de su tío y tutor Carlos Palacios. A los doce años, en julio de 1795, en temprano arranque de rebeldía, huyó de la casa del tío para vivir con su hermana casada María Antonia, donde tampoco pudo tener paz no obstante el cariño que mutuamente se profesaban. Entonces se le envió a vivir a casa del maestro de primeras letras, el jacobino socialista Simón Carreño Rodríguez (1771-1854), hombre de cultura política avanzada que mucho influirá en la educación del futuro libertador. Pero Simón Rodríguez, como se quiso llamar a sí mismo quitándose el apellido paterno, se fue de Caracas en 1797. Entonces, otro ilustre caraqueño, Andrés Bello (1781-1865), le dio clases de historia y geografía, y el padre capuchino Francisco Andújar le enseñó matemática. Todos ellos iniciaron la formación elemental de Bolívar, pero en gran medida se le puede considerar como hombre de cultura autodidacta.

Muchos creen que la vocación del joven Bolívar estaba encaminada al ejercicio de las armas, porque antes de los catorce años había ingresado como cadete en el Batallón de Milicias de Blancos de los Valles de Aragua, del que tiempo atrás había sido coronel su padre. Pero esa educación de miliciano era común en la época, cuando no había otra alternativa que los conventos o seminarios de religiosos. A comienzos de 1799 fue enviado de visita a España, y de paso por México se hospedó en Veracruz en la casa del comerciante José Donato de Austria, y en la ciudad de México en la casa del oidor Guillermo de Aguirre. Muchas anécdotas se han tejido de su paso por la *opulenta ciudad,* como él llamó a la capital novohispana: que si tuvo amores con la célebre damita María Ignacia *la Güera* Rodríguez, que si fue precoz crítico del sistema colonial ante el virrey Azanza, por lo cual fue amonestado, que si se extasió ante la magnificencia del *teocalli* teotihuacano. Pero en esa época Bolívar era un adolescente de 15 años y medio, despolitizado e inclinado más bien a las diversiones.

En España fue a vivir a la casa de otros tíos radicados en Madrid, Esteban y Pedro Palacios, quienes se encargaron de afinar su educación puliéndola en extremo. El cambio fue tan rápido que si se le compara con la redacción y ortografía de la primera carta autógrafa que se le conoce, suscrita en Veracruz, no deja de sorprender la fluidez y corrección de sus escritos a partir de entonces. Ese refinamiento se le debe en parte al sabio marqués Jerónimo de Ustáriz y Tobar, otro caraqueño avecindado en Madrid, que se encargó de darle a Bolívar, entre los 16 y los 19 años, la educación de un cortesano: amplio conocimiento de los clásicos greco-latinos, literatura, arte, francés, esgrima y baile. La frecuente asistencia a fiestas y saraos, y la versátil pero vanidosa vida de las altas clases sociales hubieran podido absorber al inquieto, simpático y rico americano en Europa. No fue así, a pesar de todo. Poco a poco nacieron en su alma miras más altas, designios superiores.

En Madrid conoció a María Teresa del Toro y Alayza (1781-1803), de quien se enamoró profundamente. Se casaron en 1802 no obstante la juventud de los dos, ella de 21 años y él de 19. Por aquel entonces su proyecto de vida no era muy diferente del de un heredero de grandes haciendas: acrecentar las propiedades, fundar un hogar, tener hijos, vivir en la opulencia. Pero la suerte le deparaba un destino diferente, porque a los pocos meses de haber llegado de regreso a Venezuela, María Teresa murió de fiebre amarilla. Ése fue el único matrimonio de Bolívar, y a lo largo de su vida fue fiel a su promesa de no volverse a casar. Pero amó, y con frecuencia, a otras mujeres.

La vida de Bolívar entre 1802, antes de su matrimonio, y 1806, está caracterizada por el despilfarro y la banalidad, lo que muchos biógrafos han atribuido al pesar que padeció por la muerte de María Teresa. Los placeres de la vida fácil en Europa para quien tiene dinero y es joven, y los mil atractivos del esplendor napoleónico pudieron fascinar a Bolívar por un tiempo, el suficiente para hartarse. Pero no todo el tiempo. Hay constancia de sus críticas ponzoñosas al boato del Consulado y a la corrupción que se adueñaba de París, de su deseo de hacer algo útil por su patria lejana, así fuera dedicarse a las ciencias físico-matemáticas, como en un momento dado se lo aconsejó su maestro Simón Rodríguez. Hay testimonio escrito del trato, no muy frecuente pero sí suficiente, que mantuvo con sabios como Humboldt, Bonpland y otros, lo que muestra que a la par que Bolívar tomaba parte en la intensa vida social francesa y viajaba con diversos pretextos, también maduraba proyectos superiores de inmensa responsabilidad. Estando un día de agosto de 1805 en el Monte Aventino, una de las colinas que circundan a Roma, juró ante su maestro Rodríguez retornar a América y prestar apoyo decidido a la lucha armada que veía como indetenible.

Por entonces muchas ideas políticas de avanzada ya eran del dominio público en Europa, aunque en América sólo clandestinamente se hablaba de ellas: la república electiva, la igualdad de castas ante la ley, la abolición de la esclavitud, la separación

entre la Iglesia y el Estado, la tripartición montes-
quiana del poder, la libertad de cultos y el derecho
de gentes —o, como ahora decimos, los derechos
humanos— constituían, todos ellos, el consenso
americano. Pero faltaba el hacedor, la mano y el
talento que los hiciera realidad política, acto de
gobierno. Y en las condiciones de sometimiento y
de marginación propios del sistema colonial, ese
proyecto republicano era inviable, porque no se
trataba solamente de cambiar de rey, sino de abolir
la monarquía, ni de discutir con los españoles pe-
ninsulares los yerros de su dominación, sino de im-
poner la soberanía del pueblo y expulsarlos de
América. Para todo eso se debía hacer la guerra.

II

A fines de 1806, al saber Bolívar que el general Francisco de Miranda (1750-1816), caraqueño como él
y veterano del ejército napoleónico, había dedicado su vida a fomentar la guerra de secesión en
Venezuela, decidió regresar, y después de un breve recorrido por los Estados Unidos llegó a su patria, a mediados de 1807.

Es verdad que regresó para administrar sus fin-
cas, pero también es cierto que en las tertulias que
se llevaron a cabo en su quinta de recreo a orillas
del río Guaire, bajo el pretexto de reuniones litera-
rias se tramaban conspiraciones. Por eso, al estallar
la chispa insurreccional en Caracas el 19 de abril

de 1810, cuando los venezolanos desconocieron al gobierno colonial del virrey Emparán, Bolívar, Andrés Bello y Luis López Méndez fueron nombrados por la Sociedad Patriótica revolucionaria en comisión ante el gobierno británico, con la precisa instrucción de convencer al ministro de Asuntos Exteriores, lord Wellesley, de que apoyara la insurrección caraqueña. En diciembre de 1810, después de cumplir su misión en Londres, regresó Bolívar con pocos triunfos diplomáticos, porque el gobierno inglés, aunque simpatizaba con los actos independentistas de los americanos como una manera de socavar la hegemonía española en este continente, estaba comprometido con España por un tratado de alianza.

Mientras tanto, Bolívar había convencido a Miranda para que lo acompañara en un nuevo esfuerzo por consolidar la independencia de su patria. En 1811, con el grado de coronel que le concedió la Sociedad Patriótica de Caracas y ya bajo las órdenes de Miranda, contribuyó a someter a la ciudad de Valencia, que no obedecía a la Sociedad, y en 1812, a pesar de sus esfuerzos por defender la plaza de Puerto Cabello a él confiada, no logró evitar que cayera en manos de los realistas debido a una traición. Desilusionado por la rendición del generalísimo Miranda ante el jefe español Domingo de Monteverde, pero ansioso por continuar en la lucha armada, de acuerdo con otros jóvenes oficiales decidió apresar a Miranda. Aunque Bolívar no lo entregó a los españoles, otros sí lo hicieron, y el infortunado precursor fue remitido preso a Cádiz, donde murió tiempo después. Todos perdieron aquella vez, y Bolívar apenas logró un salvoconducto para emigrar gracias a su amigo Francisco Iturbe.

Se fue a Curaçao y luego a Cartagena de Indias, donde escribió uno de sus más célebres documentos, la *Memoria dirigida a los ciudadanos de la Nueva Granada por un caraqueño* (15 de diciembre de 1812). Se opone allí a la copia acrítica de fórmulas políticas buenas para "repúblicas aéreas" o de papel, fustiga al federalismo como inadecuado para los nuevos estados emergentes porque dicho sistema los debilitaba, sugiere la creación de un ejército profesional en vez de milicias indisciplinadas, proclama la necesidad de centralizar los gobiernos americanos y propone una acción militar conjunta e inmediata para asegurar la independencia de la Nueva Granada, que estaba sumida en las divisiones internas. Su plan consistía en lograr el apoyo del Congreso granadino, reconquistar Caracas, que era en su sentir la puerta de toda la América meridional, y pasar a la ofensiva estratégica. En la práctica, ésa fue la campaña que Bolívar llevó a cabo en las semanas siguientes y que coronó con éxito sorprendente: a la cabeza de un pequeño ejército limpió de enemigos las dos orillas del bajo Magdalena, ocupó en febrero de 1813 Cúcuta, y en sólo noventa días, entre mayo y agosto, liberó a Venezuela en una rapidísima y fulgurante sucesión de batallas. Por eso esta campaña fue llamada Admirable y Bolívar mismo fue aclamado por vez primera como Libertador, título de honor que le concedió su ciudad natal en octubre de ese año.

Casi a la vez hubo otro suceso memorable: en junio, al pasar por Trujillo, decretó la Guerra a Muerte, con lo que logró solucionar el problema fundamental de toda guerra, que es hacer un claro deslinde político-ideológico entre amigos y enemigos, sentando así un elemental principio de identidad nacional y de clase. Afirmó con ese decreto que eran americanos los que luchaban por su independencia sin importar el país de nacimiento ni el color de la piel. Y que eran enemigos los que, aunque hubieran nacido en América, no hicieran nada por la liberación del Nuevo Mundo. Con ese decreto, mal comprendido incluso por algunos bolivaristas de nota, logró separar tajantemente los dos campos, evitando el apoyo que muchos mantuanos y hacendados criollos daban a los realistas, creando condiciones sociales para la guerra universal de todo el pueblo, forzando a no permanecer indiferentes y atrayendo a llaneros, cimarrones y esclavos al ejército patriota. En el decreto de la Guerra a Muerte está el secreto de la campaña Admirable que es, asimismo, la clave que explica la libertad de Venezuela.

Sin embargo, esta segunda fundación de la república en Venezuela no duró mucho tiempo. No obstante los triunfos en batallas como las de Araure, Bocachica o la primera librada en Carabobo, y la resistencia heroica, como la mostrada en la defensa de San Mateo, tanto Bolívar en el occidente del país como Santiago Mariño en el oriente se vieron obligados a ceder terreno al realista asturiano José Tomás Boves (1782-1814), de triste fama de sanguinario, quien al vencer a los patriotas en el combate de La Puerta (junio de 1814) los obligó a evacuar la ciudad de Caracas. Se produjo una patética emigración de veinte mil habitantes hacia Barcelona y Cumaná huyendo de la persecución de Boves. Junto con otros oficiales, Bolívar logró burlar el cerco y huir a Cartagena otra vez, donde encontró refuerzos y renovados apoyos.

Cuando todo parecía llegar a su fin, derrotado y desconocido por sus antiguos partidarios, Bolívar lanzó en Carúpano, en septiembre de 1814, un manifiesto lleno de serenidad, con la mira puesta en el futuro, superando las aciagas circunstancias del momento. Propuso entonces algo más que la independencia, que es la libertad; se declaró culpable de los errores cometidos pero inocente de corazón, y se sometió al juicio del Congreso soberano. Dijo: "Yo os juro que, libertador o muerto, mereceré siempre el honor que me habéis hecho sin que haya potestad humana sobre la tierra que detenga el curso que me he propuesto seguir, hasta volver segundamente a libertaros".

Al servicio de la Nueva Granada, Bolívar recibió la orden del Congreso de ocupar la provincia disidente de Cundinamarca para incorporarla al gobierno de las Provincias Unidas. Cercó entonces Bogotá, la que, pese a la excomunión eclesiástica en su contra, logró tomar sin derramamiento de sangre. De esta suerte, en enero de 1815, el Congreso se pudo trasladar a Santa Fe desde Tunja, donde estaba refugiado. En seguida partió el Libertador a Santa Marta, pero al llegar a Cartagena se encontró con la hostilidad de Manuel del Castillo, quien, aunque del ejército patriota, abrigaba de tiempo atrás resentimientos contra Bolívar. Muy en contra de su decisión primera de poner sitio a la ciudad, Bolívar desistió de su empeño para evitar un enfrentamiento armado entre hermanos, lo que hubiese sido el comienzo de una absurda guerra civil en momentos en que se requería con urgencia de la unión. En efecto, se acercaba peligrosamente el veterano español Pablo Morillo al frente de quince mil soldados experimentados para emprender la que se llamó "reconquista" de América. Indoblegable, sacando fuerzas de donde ya poco quedaba, Bolívar emigró pobre y abatido a Jamaica el 14 de mayo de 1815. Ante el asedio de Morillo, Cartagena proclamó en octubre su anexión a Inglaterra como estrategia desesperada para mantener su independencia. Pero el duque de ·Manchester, gobernador de Jamaica, hizo caso omiso de la solicitud cartagenera.

En Kingston, Bolívar se dedicó a una intensa campaña publicitaria en *The Royal Gazette*. Escribió varias cartas públicas a comerciantes ingleses, describiendo la situación de América en su conjunto, con realismo, ecuanimidad y clarividencia, a tal punto que lo allí anunciado se cumplió cabalmente a lo largo del siglo XIX. Por eso han sido llamadas *proféticas* esas cartas, en especial la firmada el 6 de septiembre de 1815, dirigida a su amigo Henry Cullen, bajo el título de *Contestación de un americano meridional a un caballero de esta isla.* Nuevamente la estrategia integracionista del Libertador para hacer de América una respetable "nación de repúblicas" tuvo aquí su presencia. Otra carta firmada por *un americano,* menos conocida, es una vívida descripción y diagnóstico de la plural identidad latinoamericana, con fundamento en su diversidad étnica.

Tal vez en la vida de Bolívar no hubo otro año más desastroso que 1815, pues en Jamaica no sólo se vio exiliado y sin recursos, sino que fue víctima de un intento de asesinato a manos de su antiguo criado Pío, sobornado por los agentes de Moxó, gobernador realista de Caracas. Fue entonces cuando se trasladó a la República de Haití, donde su presidente Alejandro Petión le proporcionó magnánima ayuda, con la condición única de que otorgara la libertad a los esclavos negros una vez consumada la independencia. Al poco tiempo salió de Los Cayos una bien pertrechada expedición al mando de Bolívar, que llegó a la isla de Margarita en mayo de 1816 y tomó Carúpano por asalto. Cumpliendo con el pedido de Petión, Bolívar decretó el 2 de junio la extinción de la esclavitud. Ese mismo año retornó a Haití, donde por segunda vez se pertrechó y volvió a la carga. A comienzos de 1817 encontramos a Bolívar en Barcelona, trabajando para hacer de la provincia de Guayana un bastión en la liberación de Venezuela: había comprendido que debía hacerse fuerte donde el enemigo es débil y modificar la estrategia de ocupar las principales ciudades costeras. De esta manera, en julio tomó la población principal, Angostura, hoy Ciudad Bolívar; en octubre organizó el Consejo de Estado, y en noviembre el Consejo de Gobierno, el Consejo Superior de Guerra, la Alta Corte de Justicia, el Consulado, el Concejo Municipal, y dio órdenes para editar su propio órgano de prensa, *El Correo del Orinoco,* que vio la luz en junio de 1818. Con estas decisiones ejecutivas, Bolívar sentó las bases de un Estado moderno e independiente mientras seguía preparándose para la guerra en gran escala.

Pero en aquella época se le oponían no sólo los españoles, sino también algunos de sus más cercanos colaboradores. Lo más lamentable fue que uno de sus generales, Manuel Piar, prevalido de su segundo nivel jerárquico y de ser negro, trató de resucitar la guerra de razas de los tiempos de Boves, aunque ahora en el espacio republicano. Bolívar lo paró en seco, y ante su deserción, ordenó su prisión y juicio. Piar fue condenado al fusilamiento por un Consejo de Guerra, sentencia que se cumplió el 16 de octubre, consolidando a ese alto precio la autoridad de Bolívar y el rechazo a una inaudita guerra de razas.

El año siguiente fue dedicado a la planeación de

una gran estrategia libertadora. Ahora, ya arraigados en el oriente venezolano, con el Orinoco como vía regia para comunicarse con los proveedores de armas y hombres del exterior, con los llanos del Apure al centro y la selva impenetrable a la espalda, se podía diseñar una campaña a mediano plazo. Así se logró sorprender a Morillo en Calabozo, aunque los patriotas perdieron la batalla en Semén. En Rincón de los Toros por poco descubre a Bolívar una patrulla realista y se salvó por un golpe de suerte. Pero éstas eran contingencias de la guerra. Lo principal era que se tenía una gran base patriota y que se había revertido la geografía de la revolución, pues si en 1814 los realistas eran dueños de los llanos y las selvas y los insurgentes de las costas y las ciudades, ahora la creación de bases estratégicas en las zonas donde los realistas eran débiles empezaba a dar sus frutos.

En febrero de 1819, Bolívar convocó y logró reunir un congreso en Angostura. Pronunció en esa ocasión un discurso considerado entonces y después como el más importante documento político de su carrera de magistrado. Presentó también un proyecto de Constitución. Mientras tanto, uno de sus generales, Francisco de Paula Santander (1792-1840), había organizado con infinita paciencia un ejército considerable en los llanos orientales neogranadinos. Por otra parte, el general llanero José Antonio Páez (1790-1883), que se le había incorporado, levantó un temible ejército de lanceros. En circunstancias diferentes los dos habían dado pruebas de fuerza, éste de valor temerario y aquél de meticulosa preparación. Por ejemplo, en las Queseras del Medio, habiendo sido rodeado Páez por las tropas de Morillo, se vio obligado a dar batalla cuando sólo tenía 40 jinetes y un acoso de seis mil realistas. Usó Páez una estratagema, única acción posible en esas circunstancias: aparentando una huida, atrajo llano adentro a una partida realista, y cuando consideró que su conocimiento del terreno y la fatiga de los realistas era evidente, gritó "¡Vuelvan caras!", y los terribles lanceros le hicieron a Morillo cientos de bajas entre muertos y heridos. El resultado fue la desbandada y la dispersión realista. Eso ocurrió en abril de 1819. Por su parte, Santander, hábilmente y sin mayores recursos, armado más de paciencia que de fusiles, había entrenado en Casanare, en pocos meses, a un ejército de alrededor de 1 300 soldados.

En mayo de 1819, pues, Bolívar le confió a Francisco Antonio Zea, vicepresidente nombrado en Angostura, que desde hacía mucho tiempo había concebido una magna empresa que, decía, "sorprenderá a todos porque nadie está preparado para oponérsele". Y siguiendo esa idea, le ordenó a Santander que concentrara todas sus fuerzas en el punto menos cómodo y favorable para penetrar en la Nueva Granada. Envió a Páez a los valles de Cúcuta como táctica de distracción. Bolívar, que siempre había querido enfrentarse al español Barreiro y a sus 4 500 hombres, concibió la estrategia de internarse en el territorio realista por el lugar menos propicio; así que con los 2 100 hombres que llevaba y los 1 300 que tenía Santander en los llanos, se llevó a cabo la epopéyica acción de tramontar los Andes. Hombres todos de tierras calientes y bajas fueron impelidos a encaramarse a páramos de más de 4 000 metros de altura, por caminos inciertos y precipicios de espanto, cargando armas, vituallas, parque y alimentos. Les seguían cabalgaduras maltrechas y acémilas cansadas. Con todo eso se ganaría la libertad. Rápidos combates en Pisba y Gámeza y combates mayores en el Pantano de Vargas pusieron a los españoles a la defensiva estratégica por vez primera, aunque los patriotas se vieron por momentos en serios peligros de perder la iniciativa. El 7 de agosto de 1819 se dio la batalla del Puente de Bocayá que, siendo de menor importancia militar que la del Pantano de Vargas, tuvo mayor repercusión política, porque los restos del ejército de Barreiro y él mismo y su oficialidad fueron derrotados y hechos prisioneros. A consecuencia de esa batalla de cuatro horas, el oriente andino de América meridional quedó liberado. La capital Santa Fe quedó libre. Las bajas españolas fueron 400 entre muertos y heridos, además de la pérdida total de los pertrechos de guerra, la mayor parte de la caballería y 1 600 prisioneros. Por si fuera poco, el virrey Sámano, al enterarse del desastre, huyó de Santa Fe dejando intacto el tesoro real calculado en un millón de pesos de oro. Morillo, dolido pero acertado, escribió al rey de España: "Bolívar en un solo día acaba con el fruto de cinco años de campaña y en una sola batalla reconquista lo que las tropas del rey ganaron en muchos combates". Pudo decir, mejor aún, que de un solo golpe acabó con trescientos años de dominio hispánico.

Quedó al mando de la Nueva Granada el general Santander y en escasas cinco semanas volvió Bolívar a Venezuela. En Angostura, a propuesta suya, el congreso expidió la Ley Fundamental de la República de Colombia el 17 de diciembre de 1819, que unía en un solo país la inmensidad territorial que hoy comprende a Colombia, Ecuador, Panamá y Venezuela. Aunque esta unión duró apenas diez años, la nueva "nación de repúblicas" vivió en paz y tuvo recursos suficientes para alentar la guerra de liberación de gran parte de los pueblos andinos, prestando asistencia a la independencia del Perú, creando a Bolivia y amagando con apoyar la guerra en otras regiones de Sudamérica. El ideal integrador de una gran nación americana inició así su concreción y vivió una hermosa realidad.

A la fundación de la magna Colombia se agregó otro hecho feliz: en enero de 1820 estalló en España la revolución del general Riego, quien, oponiéndose a la reconquista de América, facilitó la firma, en Trujillo, Venezuela, de un armisticio y un tratado para la regulación de la guerra, ahora considerado como un precedente importante en los convenios internacionales. Bolívar y Morillo, enemigos ayer, se entrevistaron y abrazaron en el pueblecito de Santa Ana. Pero muy cumplidamente, al cese de la tregua, los ejércitos patriotas reiniciaron con fuerza renovada la ofensiva final, logrando la victoria en la sabana de Carabobo el 24 de junio de 1821. Lo que quedó del ejército español se refugió en Puerto Cabello, y en 1823 se rindió incondicionalmente. Esta vez Venezuela quedó libre para siempre.

Tras una breve permanencia en Cúcuta, donde se habían reunido los congresistas para aprobar una nueva constitución, Bolívar se encaminó por Bogotá hacia el sur, mientras el general Antonio José de Sucre (1795-1830) hacía lo propio desde Guayaquil. Ecuador no había sido liberado aún. En Bomboná se venció la resistencia de los pastusos, y en Pichincha se expulsó a los españoles de Quito y alrededores el 24 de mayo de 1823, conformándose así el bloque de países grancolombianos.

Pero los españoles eran fuertes todavía y dominaban en tierra peruana, lo que significaba no sólo una seria amenaza militar para Colombia, sino que frustraba el ideal bolivariano de organizar en el continente repúblicas donde antes existía la monarquía española. Además, algunos peruanos, aunque patriotas, persistían en ideas absolutistas. Para discutir esas y otras propuestas libertarias, se reunieron en Guayaquil, puerto recién incorporado a Colombia, los libertadores Bolívar y José de San Martín (1777-1850), héroe de Argentina y Chile y protector del Perú. Se ha dicho que lo hablado a solas entre los dos grandes hombres constituye un misterio indescifrable hoy. Pero a juzgar por lo que sucedió inmediatamente después, se puede colegir lo pactado: San Martín reconocería la soberanía colombiana en Guayaquil a cambio de obtener el apoyo en tropas veteranas, armas y financiamiento de Colombia para proseguir la guerra en el sur del continente. Él mismo ofreció dejar las manos libres a Bolívar para no crear un conflicto de poderes con los colombianos y en consecuencia se iría de América. Bolívar vio así despejada la cordillera andina para lanzar sus tropas y prestar concurso decisivo a la independencia americana.

En 1823, la situación político-militar del Perú distaba mucho de ser bonancible. Las divergencias entre el presidente José Riva Agüero y el congreso dividieron a la nación, mientras los españoles seguían impasibles y sin combatir en la sierra. Las tropas de auxilio argentinas, chilenas y colombianas recién llegadas se habían cansado de esperar una resolución definitiva. Los propios realistas estaban también divididos entre monarquistas recalcitrantes y monarquistas moderados y liberales. Perú parecía un caso perdido. En tan crítica situación, Bolívar fue llamado formalmente por el congreso, otorgándosele facultades extraordinarias para reorganizar al ejército. Cuando se aprestaba a ocupar el Perú, la guarnición de El Callao se pasó al bando realista y Lima quedó en manos españolas. Entonces el congreso se disolvió a sí mismo y designó dictador a Bolívar, como en la antigua Roma en casos de emergencia, entregándole todos los poderes para salvar al país. Pero los que pensaron que el Libertador se contentaría con asumir su autoridad de manera apenas circunstancial, se sorprendieron cuando un poderoso ejército multinacional de colombianos, argentinos, peruanos e incluso europeos emprendió la ofensiva. El 6 de agosto de 1824, Bolívar derrotó en Junín al ejército real en una brillante operación con armas blancas, al parecer la última que se dio de ese modo en la historia mundial. Y pocos meses después, siguiendo la estrategia bolivariana establecida meticulosamente tiempo atrás, se dio, el 9 de diciembre, la batalla de Ayacucho, el mayor enfrentamiento de tropas que ha habido en toda la historia de América hasta hoy, pues pelearon 5 780 aliados americanos contra 9 320 realistas. De éstos, casi todos quedaron prisioneros, incluyendo al virrey La Serna, todo el Estado Mayor, 16 coroneles, 68 tenientes coroneles, 468 oficiales de distinto rango y los comandantes de la batalla, los generales Canterac y Valdés. Es casi imposible imaginar un triunfo mejor. Los datos son útiles porque con la batalla de Ayacucho terminó la etapa militar de la independencia americana y la iniciativa estratégica y táctica quedó definitivamente en el ejército patriota.

III

Dos días antes de la victoria, el 7 de diciembre de 1824, el dictador Bolívar y su secretario peruano, José Faustino Sánchez Carrión, cursaron una invitación a los gobiernos independientes de Colombia, México, Centroamérica, Chile y La Plata, para concurrir en Panamá a un magno congreso continental, con el propósito de reunir a toda la América antes española y considerar acciones comunes en paz y en guerra. Aunque el imperio de Brasil también fue invitado y aceptó participar, no asistió. Chile tampoco, porque el congreso local no se había reunido para aprobar el viaje de sus delegados, y cuando lo pudo hacer ya había concluido la reunión en Panamá. Las Provincias Unidas del Río de la Plata, bajo la presidencia de Bernardino Rivadavia, por distintas causas, dejaron de asistir. Bolivia nombró delegados pero no pudieron viajar oportunamente. De Europa, los Países Bajos fueron invitados como observadores, pero su delegado olvidó las credenciales y el congreso no pudo habilitarlo. Francia, todavía comprometida con España, declinó la invitación. Paraguay no fue invitado porque lo gobernaba el doctor José Gaspar Rodríguez Francia, y estaba aislado de todo contacto con el exterior. Haití fue discriminado por el vicepresidente de Colombia, quien, en cambio, contra las expresas instrucciones de Bolívar, invitó a los Estados Unidos, pero ninguno de sus tres delegados pudo asistir a Panamá: Anderson murió durante el viaje, Sargeant llegó tarde, cuando había terminado el congreso, y Poinsett esperó inútilmente el traslado del congreso de Panamá a Tacubaya, en México. Gran Bretaña fue invitada y asistió como observadora.

Al fin, el 22 de junio de 1826, lograron reunirse en la ciudad colombiana de Panamá ocho delegados de cuatro países, a saber: Centroamérica, Colombia, México y el Perú. Sesionaron en diez ocasiones y aprobaron dos documentos trascendentales: el *Tratado de Unión, Liga y Confederación Perpetua*, y la *Convención de Contingentes Militares y Navales*. También se discutió el problema de la esclavitud de los negros, la independencia de Cuba y Puerto Rico, y se creó un ejército de 60 000 soldados, una flota y un comando naval. Colombia y México se comprometían a lanzar sus tropas de tierra y mar contra los invasores españoles de Puerto Rico y Cuba. Pero muchas intrigas políticas y saboteos más o menos encubiertos malograron el espléndido proyecto anticolonial americano.

Con todo, el teatro de la guerra hubiera podido crecer después de Ayacucho por las amenazas de la Santa Alianza europea, monarquista, para intervenir con 100 000 hombres en América, según el apoyo que ofreció Francia a España. El 11 de marzo de 1825, en carta a Santander, Bolívar expuso su idea de una guerra popular prolongada, como freno eficaz a la intervención europea. Su estrategia consistía en permitir la invasión, dejarlos entrar, cerrarles la salida y los suministros bloqueando Cartagena y Puerto Cabello, y atacarlos por partes mediante guerra de guerrillas. No dudó en que ésta sería una gran guerra mundial desatada por los tronos contra las nuevas repúblicas liberales. De un lado estarían la Santa Alianza y las monarquías europeas; del otro, Inglaterra y la América entera. Pero ni Francia ni España intentaron, por el momento, otra invasión.

Entre tanto, cumplida su tarea, Bolívar renunció a la dictadura ante el congreso peruano, que lo colmó de honores como ni Venezuela ni Colombia lo habían hecho: un millón de pesos para él, otro para su ejército, espada y corona de laureles de oro, medallas para la tropa, etc. Bolívar rehusó su parte de dinero pero aceptó los homenajes.

Luego viajó por Arequipa, Cuzco, Potosí. En Chuquisaca, las provincias del Alto Perú, antes subordinadas a la Argentina, proclamaron la independencia con el nombre de República Bolívar. Se llamó así la que hoy conocemos como Bolivia. A solicitud de su congreso, Bolívar redactó la constitución del nuevo país, otro documento fundamental para conocer el pensamiento que la prolongada guerra había hecho germinar en el Libertador: hacer un Estado tan fuerte como democrático, estudiando experiencias tanto de la antigüedad clásica grecolatina como de la democracia de los Estados Unidos y Haití, y sintetizando la historia política americana del periodo precolombino, de la etapa colonial y de las nuevas necesidades republicanas. En esa constitución, el presidente y el senado hereditario tendrían, entre otras misiones, la de frenar las ambiciones personales de los caudillos civiles o militares, y los ciudadanos votarían no sólo para elegir los poderes ejecutivo y legislativo, sino también para formar un poder electoral encargado de nombrar jueces, gobernadores y párrocos: consideraba Bolívar que de esa manera se lograba la plena democracia. La constitución para Bolivia, claro resumen del pensamiento político del Libertador, fue mal entendida en su época y peor promocionada. Tildada de tiránica por los liberales, la "vitalicia", como se le caracterizó, fue el punto de referencia de toda la inquina contra Bolívar en los siguientes cuatro años. Aunque Bolivia la adoptó durante dos años y el Perú la aprobó para regir su país —aunque nunca se implantara—, en Colombia siempre se le impugnó con severidad, a pesar de que Bolívar arriesgó todo su prestigio para defenderla con tenacidad como una constitución más liberal y adecuada a la idiosincrasia americana que la de Cúcuta de 1821. Pero sus enemigos no cejaron en su empeño de desprestigiarla, y con ella a Bolívar, tanto en el país como en el extranjero.

Viejas rivalidades entre caudillos y la incapacidad para superar el nacionalismo estrecho existente entre regiones vecinas desde la época colonial, fueron atizadas en abril de 1826 so pretexto de oponerse al modelo de constitución para Bolivia. Mientras Bolívar se distanciaba de Santander y éste de Páez, estalló en Venezuela una insurrección contra las autoridades centrales de Bogotá. Bolívar marchó a Caracas a sofocar la revuelta —La Cosiata, se le llamó— y logró poner paz a comienzos de 1827. De regreso en Bogotá, en septiembre, reasumió la Presidencia de la República, desplazando a Santander, quien la ejercía desde 1819 en calidad de vicepresidente ejecutivo.

Para reconciliar a los dos ya entonces opuestos partidos, bolivaristas y santanderistas, se convocó a una convención nacional constituyente, en Ocaña, en 1828, la cual resultó en un descomunal fracaso, dejando al país sin ley fundamental. Ante la virtual anarquía, a petición de los habitantes de casi toda Colombia, Bolívar asumió en agosto la dictadura. Pero el 25 de septiembre, un heterogéneo grupo de teóricos radicales, comerciantes, importadores y masones descontentos, casi todos jóvenes, conspiró contra Bolívar para darle muerte. Aunque varias veces había salido bien librado en atentados contra su vida, esta vez la conjura tuvo características oprobiosas porque los conspiradores eran sus propios paisanos. La oportuna intervención de la bella quiteña Manuelita Sáenz, su amada desde 1823, le salvó la vida, al desafiar con valerosa serenidad a los criminales. Pero el Libertador cayó presa de mortal tristeza.

Algunos piensan que Bolívar dio marcha atrás en sus ideas durante los últimos cinco años de su vida. Contrariamente, en ese lustro debió luchar con mayor denuedo que nunca, porque fueron los años en que enfrentó la malquerencia internacional, en parte inspirada por los hegemonistas norteamericanos que sabotearon sus proyectos de unidad latinoamericana —como el Congreso de Panamá—, así como por su oposición a las oligarquías santafereñas, al monarquismo peruano y al militarismo venezolano.

Pero es cierto que los últimos dos años de la vida de Bolívar están llenos de amargura y frustración. Hizo un balance de su obra, confirmando que lo más importante de sus proyectos había quedado sin hacer, mientras lo hecho se desmoronaba. La independencia total de América, la promulgación de leyes protectoras de la libertad, el envío de tropas libertarias a Cuba, a Puerto Rico, a Argentina —que se aprestaba a una guerra contra el imperio brasileño— o a la España monárquica si fuere necesario, todas esas miras superiores quedaban como lejanas utopías imposibles de llevarse a cabo. Su error había sido pensar en grande, porque sus generales no tenían su talla procera. Mientras tanto, la unión de Nueva Granada, Venezuela y Quito en un solo país, la confederación de los Andes que incluía a Perú y Bolivia, y la anfictionía americana pactada en Panamá, todo eso que se había cumplido a medias, estaba a punto de perderse sin su apoyo, porque el esfuerzo principal debía dirigirse hacia asuntos inmediatos: fuerzas del Perú invadieron Ecuador, y ganarles la guerra se llevó casi todo el año 1829; el general Córdoba, uno de sus más cercanos amigos, se insurreccionó e infortunadamente fue asesinado; el general Páez, antes leal, le volteó la espalda y declaró unilateralmente la separación de Venezuela; y el general Santander, antes uno de sus mejores amigos, se acercó peligrosamente al grupo de conspiradores que querían asesinarlo.

A comienzos de 1830 regresó a Bogotá para instalar un nuevo congreso constituyente. Ante esa soberanía renunció irrevocablemente. Ahora sólo deseaba irse lejos de Colombia, a Jamaica o a Europa, aunque vaciló y pensó que bien valía la pena comenzar de nuevo reuniendo a sus leales en la costa colombiana. De hecho, varios sectores del ejército libertador se levantaron, esta vez a su favor, pidiéndole que reasumiera la dictadura, pero ya era tarde, porque ni la quería ni la podía ejercer. Cada vez más enfermo, logró llegar a Cartagena a esperar un buque que lo alejara de tanta ingratitud. Para su mayor desgracia, estando en Cartagena recibió la fatal noticia de que Sucre, el más fiel y talentoso de sus generales y tal vez el único capacitado para sustituirlo, había sido asesinado en Berruecos, cuando sólo tenía 35 años de edad.

Contemporizando con la muerte que ya se anunciaba, aceptó la invitación que le hizo el generoso español Joaquín de Mier, de ir a su finca a curarse y a descansar. Tradicionalmente se ha dicho que Bolívar estaba tuberculoso, pero algunos médicos sostienen hoy en día que una amibiasis le atacó el hígado y los pulmones.

Dictó testamento el 10 de diciembre de 1830. Ese mismo día emitió su última proclama a los colombianos implorando la unión, el cese de los partidos políticos y la paz social. Siete días después, a la una de la tarde, tal como lo afirmó el comunicado oficial, *murió el Sol de Colombia*.

Un recuento de su obra no encuentra similar en la historia de América. En lo militar, participó en 427 combates, entre grandes y pequeños; dirigió 37 campañas, obteniendo 27 victorias, 8 fracasos y un resultado incierto; recorrió a caballo, mula o a pie cerca de 90 000 kilómetros, algo así como dos veces y media la vuelta al mundo por el ecuador; escribió cerca de 10 000 cartas, según se sabe, de las que se conocen y se han publicado tres mil, agrupadas hasta ahora en trece tomos de los *Escritos escogidos del Libertador;* su correspondencia, publicada por su fiel secretario con el título de *Memorias del General O'Leary,* está recogida en 34 tomos; de su polifacética producción son conocidas 189 proclamas, 21 mensajes, 14 manifiestos, 18 discursos y hasta una biografía breve, la del general Sucre. En los 7 538 días de su preciosa existencia, desde que en 1810 cumplió la misión diplomática en Londres hasta su muerte en Santa Marta, veinte años de actividad revolucionaria, casi no hubo día en que, en promedio, no redactara una carta o un decreto, o recorriera alrededor de trece kilómetros.

Lo más grande que hizo fue, por supuesto, la creación de Colombia, que incluía las cuatro naciones de Nueva Granada, Ecuador, Panamá y Venezuela; la liberación del Perú y la fundación de Bolivia.

Personalmente o bajo su inspiración se redactaron cuatro constituciones, a saber: la *Ley Fundamental de la República de Colombia* (17 de diciembre de 1819), la *Constitución de Cúcuta* (1821), el *Proyecto de Constitución para Bolivia* (1825), y el *Decreto Orgánico* de la dictadura de 1828. Fundó y ayudó a redactar el *Correo del Orinoco,* primer periódico independiente de Colombia.

Quedó pendiente, para que otras generaciones lo cumplan, el supremo ideal de crear una confederación de países donde se logre "la mayor suma de felicidad posible, la mayor suma de seguridad social, y la mayor suma de estabilidad política".

América entera ha reconocido en Bolívar al paradigma y ejemplo más querido de todas las virtudes patrióticas, y lo ha asimilado como el mejor exponente de su integración, de su identidad, de su soberanía. Es ya un protosímbolo. En 1842 el Congreso de Venezuela dispuso que las cenizas del Libertador fueran trasladadas con toda pompa de Santa Marta a Caracas, y reposan hoy en el magnífico Panteón Nacional. En 1846 Colombia puso la estatua que le hizo Pietro Tenerani en el centro de Bogotá. En 1858 Lima le erigió una estatua ecuestre reconociéndolo como *Libertador de la Nación Peruana*. En 1891 Santa Marta puso su estatua de mármol junto a la quinta de San Pedro Alejandrino. Desde la segunda mitad del siglo XIX, casi todas las ciudades importantes de América y muchas de Europa le han levantado monumentos.

En 1824, por iniciativa de fray Servando Teresa de Mier, el Congreso de México le otorgó la ciudadanía mexicana. En el mismo año, el periódico *Águila Mexicana* publicó, en varias entregas, una biografía del héroe colombiano, y *El Sol* hizo lo propio en 1829, homenajes dados en vida al Libertador. En 1844 la revista *El Museo Mexicano* publicó una biografía más, esta vez redactada por escritores nacionales. En 1910 se levantó un obelisco en su honor en el Paseo de la Reforma. Una estatua ecuestre fue inaugurada en 1946, frente al bosque de Chapultepec, y más tarde llevada a Ciudad Juárez. Otra estatua ecuestre está en el Paseo de la Reforma, cerca de la cancillería mexicana. En Toluca hay un busto suyo frente a la universidad, al igual que en la costera de Acapulco y en Veracruz. Seguramente existen más. Finalmente, en el lugar donde estuvo la casa que habitó el joven Bolívar en 1799 (la cual fue demolida en los años cuarenta), en la calle que hoy lleva su nombre, esquina con Uruguay, existe una placa conmemorativa inaugurada en 1983, en el bicentenario de su nacimiento. Al paso del tiempo, México ha conservado una inalterable lealtad a la gloria de Bolívar.

Tanto en América como en el resto del mundo se ha cumplido la insuperable sentencia del humilde cura de Choquehuanca, quien saludó al Libertador con estas palabras proféticas: *Con los siglos crecerá vuestra gloria como crece la sombra cuando el sol declina.*

Manifiesto de Cartagena

**MEMORIA DIRIGIDA A LOS CIUDADANOS
DE LA NUEVA GRANADA
POR UN CARAQUEÑO**

Libertar a la Nueva Granada de la suerte de Venezuela, y redimir a ésta de la que padece, son los objetos que me he propuesto en esta memoria. Dignaos, oh mis conciudadanos, de aceptarla con indulgencia en obsequio de miras tan laudables.

Yo soy, granadinos, un hijo de la infeliz Caracas, escapado prodigiosamente de en medio de sus ruinas físicas, y políticas, que siempre fiel al sistema liberal y justo que proclamó mi patria, he venido a seguir aquí los estandartes de la independencia, que tan gloriosamente tremolan en estos estados.

Permitidme que animado de un celo patriótico me atreva a dirigirme a vosotros, para indicaros ligeramente las causas que condujeron a Venezuela a su destrucción: lisonjeándome que las terribles y ejemplares lecciones que ha dado aquella extinguida República, persuadan a la América a mejorar de conducta, corrigiendo los vicios de unidad, solidez y energía que se notan en sus gobiernos.

El más consecuente error que cometió Venezuela al presentarse en el teatro político, fue, sin contradicción, la fatal adopción que hizo del sistema tolerante: sistema improbado como débil e ineficaz, desde entonces, por todo el mundo sensato, y tenazmente sostenido hasta los últimos periodos, con una ceguedad sin ejemplo.

Las primeras pruebas que dio nuestro Gobierno de su insensata debilidad, las manifestó con la ciudad subalterna de Coro, que denegándose a reconocer su legitimidad, lo declaró insurgente y lo hostilizó como enemigo.

La Junta Suprema, en lugar de subyugar aquella indefensa ciudad, que estaba rendida con presentar nuestras fuerzas marítimas delante de su puerto, la dejó fortificar, y tomar una actitud tan respetable, que logró subyugar después la confederación entera, con casi igual facilidad que la que teníamos nosotros anteriormente para vencerla: fundando la Junta su política en los principios de humanidad mal entendida que no autorizan a ningún Gobierno para hacer, por la fuerza, libres a los pueblos estúpidos que desconocen el valor de sus derechos.

Los códigos que consultaban nuestros magistrados no eran los que podían enseñarles la ciencia práctica del Gobierno, sino los que han formado ciertos buenos visionarios que, imaginándose repúblicas aéreas, han procurado alcanzar la perfección política presuponiendo la perfectibilidad del linaje humano. Por manera que tuvimos filósofos por jefes, filantropía por legislación, dialéctica por táctica, y sofistas por soldados. Con semejante subversión de principios y de cosas, el orden social se resintió extremadamente conmovido, y desde luego corrió el Estado a pasos agigantados a una disolución universal, que bien pronto se vio realizada.

De aquí nació la impunidad de los delitos de Estado cometidos descaradamente por los descontentos, y particularmente por nuestros natos e implacables enemigos, los españoles europeos, que maliciosamente se habían quedado en nuestro país, para tenerlo incesantemente inquieto y promover cuantas conjuraciones les permitían formar nuestros jueces, perdonándolos siempre, aun cuando sus atentados eran tan enormes, que se dirigían contra la salud pública.

La doctrina que apoyaba esta conducta tenía su origen en las máximas filantrópicas de algunos escritores que defienden la no residencia de facultad en nadie para privar de la vida a un hombre, aun en el caso de haber delinquido éste en el delito de lesa patria. Al abrigo de esta piadosa doctrina, a cada conspiración sucedía un perdón, y a cada perdón sucedía otra conspiración que se volvía a perdonar; porque los Gobiernos liberales deben distinguirse por la clemencia. ¡Clemencia criminal, que contribuyó más que nada a derribar la máquina, que todavía no habíamos enteramente concluido!

De aquí vino la oposición decidida a levantar tropas veteranas, disciplinadas y capaces de presentarse en el campo de batalla, ya instruidas, a defender la libertad, con suceso y gloria. Por el contrario: se establecieron innumerables cuerpos de milicias indisciplinadas, que además de agotar las cajas del erario nacional con los sueldos de la plana mayor, destruyeron la agricultura, alejando a los paisanos de sus hogares; e hicieron odioso el Gobierno que obligaba a éstos a tomar las armas y a abandonar sus familias.

"Las repúblicas, decían nuestros estadistas, no han menester de hombres pagados para mantener su libertad. Todos los ciudadanos serán soldados cuando nos ataque el enemigo. Grecia, Roma, Venecia, Génova, Suiza, Holanda, y recientemente el Norte de América, vencieron a sus contrarios sin auxilio de tropas mercenarias siempre prontas a sostener al despotismo y a subyugar a sus conciudadanos".

Con estos antipolíticos e inexactos raciocinios, fascinaban a los simples, pero no convencían a los prudentes, que conocían bien la inmensa diferencia que hay entre los pueblos, los tiempos y las costumbres de aquellas repúblicas y las nuestras. Ellas, es verdad que no pagaban ejércitos permanentes; mas era porque en la antigüedad no los había y sólo confiaban la salvación, y la gloria de los Estados, en sus virtudes políticas, costumbres severas y carácter militar, cualidades que nosotros estamos muy distantes de poseer. Y en cuanto a las modernas que han sacudido el yugo de sus tiranos, es notorio que han mantenido el competente número de veteranos que exige su seguridad: exceptuando al Norte de América, que estando en paz con todo el mundo, y guarnecido por el mar, no ha tenido por conveniente sostener en estos últimos años el completo de tropas veteranas que necesita para la defensa de sus fronteras y plazas.

El resultado probó severamente a Venezuela el error de su cálculo; pues los milicianos que salieron al encuentro del enemigo, ignorando hasta el manejo del arma y no estando habituados a la disciplina y obediencia, fueron arrollados al comenzar la última campaña, a pesar de los heroicos y extraordinarios esfuerzos que hicieron sus jefes por llevarlos a la victoria. Lo que causó un desaliento general en soldados y oficiales; porque es una verdad militar que sólo ejércitos aguerridos son capaces de sobreponerse a los primeros infaustos sucesos de una campaña. El soldado bisoño lo cree todo perdido desde que es derrotado una vez; porque la experiencia no le ha probado que el valor, la habilidad y la constancia corrigen la mala fortuna.

La subdivisión de la provincia de Caracas, proyectada, discutida y sancionada por el Congreso federal, despertó y fomentó una enconada rivalidad en las ciudades, y lugares subalternos, contra la capital: "la cual —decían los congresales ambiciosos de dominar en sus distritos— era la tiranía de las ciudades, y la sanguijuela del Estado". De este modo se encendió el fuego de la guerra civil en Valencia, que nunca se logró apagar con la reducción de aquella ciudad: pues conservándolo encubierto, lo comunicó a las otras limítrofes a Coro y Maracaibo: y éstas entablaron comunicaciones con aquéllas, y facilitaron, por este medio, la entrada de los españoles que trajo la caída de Venezuela.

La disipación de las rentas públicas en objetos frívolos y perjudiciales, y particularmente en sueldos de infinidad de oficinistas, secretarios, jueces, magistrados, legisladores provinciales, y federales, dio un golpe mortal a la República, porque la obligó a recurrir al peligroso expediente de establecer el papel moneda, sin otra garantía que la fuerza y las rentas imaginarias de la confederación. Esta nueva moneda pareció a los ojos de los más, una violación manifiesta del derecho de propiedad, porque se conceptuaban despojados de objetos de intrínseco valor, en cambio de otros cuyo precio era incierto, y aun ideal. El papel moneda remató el descontento de los estólidos pueblos internos, que llamaron al comandante de las tropas españolas para que viniese a librarlos de una moneda que veían con más horror que la servidumbre.

Pero lo que debilitó más el Gobierno de Venezuela, fue la forma federal que adoptó, siguiendo las máximas exageradas de los derechos del hombre, que, autorizándolo para que se rija por sí mismo, rompe los pactos sociales y constituye a las naciones en anarquía. Tal era el verdadero estado de la confederación. Cada provincia se gobernaba independientemente; y a ejemplo de éstas, cada ciudad pretendía iguales facultades alegando la práctica de aquéllas, y la teoría de que todos los hombres, y todos los pueblos, gozan de la prerrogativa de instituir a su antojo el gobierno que les acomode.

El sistema federal, bien que sea el más perfecto y más capaz de proporcionar la felicidad humana en sociedad, es, no obstante, el más opuesto a los intereses de nuestros nacientes estados. Generalmente hablando, todavía nuestros conciudadanos no se hallan en aptitud de ejercer por sí mismos y ampliamente sus derechos, porque carecen de las virtudes políticas que caracterizan al verdadero republicano: virtudes que no se adquieren en los Gobiernos absolutos, en donde se desconocen los derechos y los deberes del ciudadano.

Por otra parte, ¿qué país del mundo, por morigerado y republicano que sea, podrá, en medio de las facciones intestinas y de una guerra exterior, regirse por un gobierno tan complicado y débil como el federal? No, no es posible conservarlo en el tumulto de los combates y de los partidos. Es preciso que el Gobierno se identifique, por decirlo así, al carácter de las circunstancias, de los tiempos y de los hombres que lo rodean. Si éstos son prósperos, y serenos, él debe ser dulce y protector; pero si son calamitosos y turbulentos, él debe mostrarse terrible, y armarse de una firmeza igual a los peligros, sin atender a leyes ni constituciones, interín no se restablecen la felicidad y la paz.

Caracas tuvo mucho que padecer por defecto de la confederación, que lejos de socorrerla, le agotó sus caudales y pertrechos; y cuando vino el peligro la abandonó a su suerte, sin auxiliarla con el menor contingente. Además le aumentó sus embarazos habiéndose empeñado una competencia entre el poder federal y el provincial, que dio lugar a que los enemigos llegasen al corazón del Estado, antes que se resolviese la cuestión de si deberían salir las tropas federales o las provinciales a rechazarlos cuando ya tenían ocupada una gran porción de la provincia. Esta fatal contestación produjo una demora que fue terrible para nuestras armas. Pues las derrotaron en San Carlos sin que les llegasen los refuerzos que esperaban para vencer.

Yo soy de sentir que mientras no centralicemos nuestros gobiernos americanos, los enemigos obtendrán las más completas ventajas; seremos indefectiblemente envueltos en los horrores de las disensiones civiles, y conquistados vilipendiosamente por ese puñado de bandidos que infestan nuestras comarcas.

Las elecciones populares hechas por los rústicos del campo y por los intrigantes moradores de las ciudades, añaden un obstáculo más a la práctica de la federación entre nosotros: porque los unos son tan ignorantes que hacen sus votaciones maquinalmente, y los otros, tan ambiciosos que todo lo convierten en facción; por lo que jamás se vio en Venezuela una votación libre y acertada; lo que ponía el Gobierno en manos de hombres ya desafectos a la causa, ya ineptos, ya inmorales. El espíritu de partido decidía en todo, y por consiguiente nos desorganizó más de lo que las circunstancias hicieron. Nuestra división, y no las armas españolas, nos tornó a la esclavitud.

El terremoto de 26 de marzo trastornó, ciertamente, tanto lo físico como lo normal; y puede llamarse propiamente la causa inmediata de la ruina de Venezuela; mas este mismo suceso habría tenido lugar, sin producir tan mortales efectos, si Caracas se hubiera gobernado entonces por una sola autoridad, que obrando con rapidez y vigor hubiese puesto remedio a los daños sin trabas ni competencias que, retardando el efecto de las providencias, dejaban tomar al mal un incremento tan grande que lo hizo incurable.

Si Caracas, en lugar de una confederación lánguida e insubsistente, hubiese establecido un gobierno sencillo, cual lo requería su situación política y militar, tú existieras ¡oh Venezuela! y gozaras hoy de tu libertad.

La influencia eclesiástica tuvo, después del terremoto, una parte muy considerable en la sublevación de los lugares, y ciudades subalternas, y en la introducción de los enemigos en el país, abusando sacrílegamente de la santidad de su ministerio en favor de los promotores de la guerra civil. Sin embargo, debemos confesar ingenuamente que estos traidores sacerdotes se animaban a cometer los execrables crímenes de que justamente se les acusa porque la impunidad de los delitos era absoluta: la cual hallaba en el Congreso un escandaloso abrigo: llegando a tal punto esta injusticia, que de la insurrección de la ciudad de Valencia, que costó su pacificación cerca de mil hombres, no se dio a la vindicta de las leyes un solo rebelde; quedando todos con vida, y los más con sus bienes.

De lo referido se deduce que, entre las causas que han producido la caída de Venezuela, debe colocarse en primer lugar la naturaleza de su constitución; que repito, era tan contraria a sus intereses, como favorable a los de sus contrarios. En segundo, el espíritu de misantropía que se apoderó de nuestros gobernantes. Tercero: la oposición al establecimiento de un cuerpo militar que salvase la República y repeliese los choques que le daban los españoles. Cuarto: el terremoto, acompañado del fanatismo que logró sacar de este fenómeno los más importantes resultados; y últimamente, las facciones internas, que en realidad fueron el mortal veneno que hicieron descender la patria al sepulcro.

Estos ejemplos de errores e infortunios no serán enteramente inútiles para los pueblos de la América meridional, que aspiran a la libertad e independencia.

La Nueva Granada ha visto sucumbir a Venezuela, por consiguiente debe evitar los escollos que han destrozado a aquélla. A este efecto presento como una medida indispensable para la seguridad de la Nueva Granada, la reconquista de Caracas. A primera vista parecerá este proyecto inconducente, costoso, y quizás impracticable: pero examinando atentamente con ojos previsivos y una meditación profunda, es imposible desconocer su necesidad, como dejar de ponerlo en ejecución probada la utilidad.

Lo primero que se presenta en apoyo de esta operación es el origen de la destrucción de Caracas, que no fue otro que el desprecio con que miró aquella ciudad la existencia de un enemigo que parecía pequeño, y no lo era considerándolo en su verdadera luz.

Coro ciertamente no habría podido nunca entrar en competencias con Caracas, si la comparamos, en sus fuerzas intrínsecas, con ésta: mas como en el orden de las vicisitudes humanas no es siempre la mayoría física la que decide, sino que es la superioridad de la fuerza moral la que inclina hacia sí la balanza política, no debió el Gobierno de Venezuela, por esta razón, haber descuidado la extirpación de un enemigo, que aunque aparentemente débil, tenía por auxiliares a la provincia de Maracaibo; a todas las que obedecen a la Regencia; el oro, y la cooperación de nuestros eternos contrarios, los europeos que viven con nosotros; el partido clerical, siempre adicto a su apoyo y compañero, el despotismo; y sobre todo, la opinión inveterada de cuantos ignorantes y supersticiosos contienen los límites de nuestros estados. Así fue que apenas hubo un oficial traidor que llamase al enemigo, cuando se desconcertó la máquina política, sin que los inauditos y patrióticos esfuerzos que hicieron los defensores de Caracas lograsen impedir la caída de un edificio ya desplomado, por el golpe que recibió de un solo hombre.

Aplicando el ejemplo de Venezuela a la Nueva Granada, y formando una proporción, hallaremos que Coro es a Caracas, como Caracas es a la América entera; consiguientemente el peligro que amenaza este país está en razón de la anterior progresión; porque poseyendo la España el territorio de Venezuela, podrá con facilidad sacarle hombres, y municiones de boca y guerra, para que bajo la dirección de jefes experimentados contra los grandes maestros de la guerra, los franceses, penetren desde las provincias de Barinas y Maracaibo hasta los últimos confines de la América meridional.

La España tiene en el día gran número de oficiales generales, ambiciosos y audaces, acostumbrados a los peligros y a las privaciones, que anhelan por venir aquí, a buscar un imperio que remplace el que acaban de perder.

Es muy probable que al expirar la Península, haya una prodigiosa emigración de hombres de todas clases; y particularmente de cardenales, arzobispos, canónigos, y clérigos revolucionarios, capaces de subvertir no sólo nuestros tiernos y lánguidos estados, sino de envolver el Nuevo Mundo entero en una espantosa anarquía. La influencia religiosa, el imperio de la dominación civil y militar, y cuantos prestigios pueden obrar sobre el espíritu humano, serán otros tantos instrumentos de que se valdrán para someter estas regiones.

Nada se opondrá a la emigración de España. Es verosímil que la Inglaterra proteja la evasión de un partido que disminuye en parte las fuerzas de Bonaparte, en España; y trae consigo el aumento y permanencia del suyo, en América. La Francia no podrá impedirla: tampoco Norte América; y nosotros menos aún, pues careciendo todos de una marina respetable, nuestras tentativas serán vanas.

Estos tránsfugas hallarán ciertamente una favorable acogida en los puertos de Venezuela, como que vienen a reforzar a los opresores de aquel país; y los habilitan de medios para emprender la conquista de los estados independientes.

Levantarán quince o veinte mil hombres que disciplinarán prontamente con sus jefes, oficiales, sargentos, cabos, y soldados veteranos. A este ejército seguirá otro, todavía más temible, de ministros, embajadores, consejeros, magistrados, toda la jerarquía eclesiástica y los grandes de España, cuya profesión es el dolo y la intriga, condecorados con ostentosos títulos, muy adecuados para deslumbrar a la multitud: que derramándose como un torrente, lo inundarán todo arrancando las semillas, y hasta las raíces del árbol de la libertad de Colombia. Las tropas combatirán en el campo; y éstos, desde sus gabinetes, nos harán la guerra por los resortes de la seducción y del fanatismo.

Así pues, no nos queda otro recurso para precavernos de estas calamidades, que el de pacificar rápidamente nuestras provincias sublevadas, para llevar después nuestras armas contra las enemigas; y formar de este modo, soldados y oficiales dignos de llamarse las columnas de la patria.

Todo conspira a hacernos adoptar esta medida: sin hacer mención de la necesidad urgente que tenemos de cerrarle las puertas al enemigo, hay otras razones tan poderosas para determinarnos a la ofensiva, que sería una falta militar y política inexcusable, dejar de hacerla. Nosotros nos hallamos invadidos, y por consiguiente forzados a rechazar al enemigo más allá de la frontera. Además, es un principio del arte que toda guerra defensiva es perjudicial y ruinosa para el que la sostiene, pues lo debilita sin esperanza de indemnizarlo: y que las hostilidades en el territorio enemigo siempre son provechosas, por el bien que resulta del mal del contrario; así, no debemos, por ningún motivo, emplear la defensiva.

Debemos considerar también el estado actual del enemigo, que se halla en una posición muy crítica, habiéndoseles desertado la mayor parte de sus soldados criollos; y teniendo al mismo tiempo que guarnecer las patrióticas ciudades de Caracas, Puerto Cabello, La Guaira, Barcelona, Cumaná, y

Margarita, en donde existen sus depósitos; sin que se atrevan a desamparar estas plazas, por temor de una insurrección general en el acto de separarse de ellas. De modo que no sería imposible que llegasen nuestras tropas hasta las puertas de Caracas, sin haber dado una batalla campal.

Es una cosa positiva, que en cuanto nos presentemos en Venezuela, se nos agregan millares de valerosos patriotas, que suspiran por vernos parecer, para sacudir el yugo de sus tiranos y unir sus esfuerzos a los nuestros en defensa de la libertad.

La naturaleza de la presente campaña nos proporciona la ventaja de aproximarnos a Maracaibo por Santa Marta, y a Barinas por Cúcuta.

Aprovechemos, pues, instantes tan propicios; no sea que los refuerzos que incesantemente deben llegar de España cambien absolutamente el aspecto de los negocios, y perdamos, quizás para siempre, la dichosa oportunidad de asegurar la suerte de estos estados.

El honor de la Nueva Granada exige imperiosamente escarmentar a esos osados invasores persiguiéndolos hasta los últimos atrincheramientos, como su gloria depende de tomar a su cargo la empresa de marchar a Venezuela, a libertar la cuna de la independencia colombiana, sus mártires, y aquel benemérito pueblo caraqueño, cuyos clamores sólo se dirigen a sus amados compatriotas los granadinos, que ellos aguardan con una mortal impaciencia, como a sus redentores. Corramos a romper las cadenas de aquellas víctimas que gimen en las mazmorras, siempre esperando su salvación de vosotros: no burléis su confianza: no seáis insensibles a los lamentos de vuestros hermanos. Id veloces a vengar al muerto, a dar vida al moribundo, soltura al oprimido y libertad a todos.

SIMÓN BOLÍVAR

Cartagena de Indias, diciembre 15 de 1812

La Carta de Jamaica*

Kingston, Jamaica,
6 de septiembre de 1815

*T*engo ahora el honor de contestar su carta del 29 del mes pasado, que me fue remitida por el señor Maccomb, y que recibí con la mayor satisfacción.

Sensible al interés que ha querido tomar en el destino de mi patria, agradezco profundamente la preocupación que usted expresa ante las desgracias con que ha sido oprimida por sus destructores los españoles, desde su descubrimiento hasta el presente. No soy menos sensible al afán de sus solícitas preguntas, relativas a los acontecimientos más importantes que pueden ocurrir en la historia de una nación, aunque me encuentro en un estado de perplejidad, en un conflicto entre

* Nueva versión al castellano de la traducción al inglés de una carta del general Simón Bolívar al caballero Henry Cullen, publicada por primera vez en 1818, y conocida como "Contestación de un Americano Meridional a un Caballero de esta Isla".

mi deseo de merecer la buena opinión con la que me favorece y la aprensión de que puedo fracasar en mi empeño, tanto por la falta de documentos y libros necesarios, como por los limitados conocimientos que poseo de un país tan inmenso, variado y desconocido como la América.

En mi opinión es imposible responder a todas las preguntas que me ha dirigido. El mismo barón de Humboldt, con su universalidad de conocimientos teóricos y prácticos, apenas lo haría con exactitud; porque si bien una parte de los datos estadísticos y algunos sucesos de la revolución son conocidos, puedo firmemente declarar que los acontecimientos más importantes han quedado oscurecidos, como rodeados de tinieblas, y sobre ellos, en consecuencia, sólo se pueden ofrecer las conjeturas más inciertas e imperfectas.

Ocioso parecería también determinar el destino y los verdaderos propósitos de los americanos, porque las características geográficas de su nación, las vicisitudes de la guerra y las directivas de la política, tanto la propia como la europea, duplican las probables combinaciones que nos depara la historia de las naciones.

Como me conceptúo obligado a prestar toda mi atención a su muy apreciable carta, debido a sus distinguidas y filantrópicas miras, me animo a dirigirle estas líneas, en las cuales, si bien no hallará ilustración alguna para esa luminosa averiguación en que desea iniciarse, al menos recibirá mis más sinceros pensamientos y vehementes anhelos.

"Tres siglos han transcurrido —dice usted— desde que empezaron las barbaridades que los españoles cometieron contra los naturales de la América"; barbaridades que la edad presente se ha rehusado a creer, considerándolas fabulosas, pues parecen traspasar los límites de la depravación humana; y jamás hubieran sido creídas por modernos críticos si repetidos y constantes documentos no confirmaran estas infaustas verdades. El filantrópico obispo de Chiapa, el apóstol de las Indias, Las Casas, ha dejado a la posteridad una breve narración de ellas, extractada de las sumarias instruidas en Sevilla contra los conquistadores y atestiguadas por cuanta persona de consideración y respeto había entonces en América, y aun por los secretos procesos que los propios tiranos se hicieron entre sí, tal como lo afirman los más célebres historiadores de aquel tiempo. En una palabra, todas las personas imparciales han reconocido el celo, verdad y virtud que desplegó ese amigo de la humanidad, quien con el mayor arrojo e intrepidez, ante su propio gobierno y ante sus contemporáneos, condenó esos horribles crímenes, cometidos bajo la influencia de un sanguinario frenesí. Nada le diré de los escritores ingleses, franceses, italianos y alemanes que han tratado de la América, pues sin duda está usted suficientemente familiarizado con ellos.

Con cuánta gratitud recorro ese párrafo de su carta donde me manifiesta "la esperanza de que el mismo éxito que entonces siguió a las armas españolas, acompañara ahora las de sus contrarios, los oprimidos hijos de la América del Sur". Yo recibo esta meritoria expectativa como un presagio favorable. Es la justicia la que decide los conflictos humanos, y el éxito coronará nuestros esfuerzos.[1] No lo dude usted: el destino de América está fijado irrevocablemente. La opinión que antes articulaba las diversas porciones de aquella inmensa monarquía, era su única fuerza. Lo que antes las unía, ahora las divide. Más vasto es nuestro odio a la Península que el océano que la separa de nosotros, y menos difícil es juntar los dos continentes que conciliar las dos naciones.

Los hábitos de obediencia a las autoridades constituidas, un comercio de intereses y de luces, una comunidad de religión, una benevolencia recíproca, una tierna solicitud por la cuna y la gloria de nuestros antepasados; en fin, todas nuestras esperanzas, todos nuestros anhelos se centraban en España. De todo esto emanaba un principio de fidelidad que parecía eterno, aunque la mala conducta de nuestros administradores relajaba este sentimiento de lealtad a los principios de gobierno, y los transformaba en una forzada adhesión que imperiosamente nos dominaba. Ahora es a la inversa, pues esta monstruosa y desnaturalizada madrastra nos amenaza con la muerte y el desho-

---

[1] Lo condicionado de la creencia en la justicia por parte del Libertador es error del traductor: lo hago afirmativo, por pedirlo las frases subsiguientes.

nor, y nos corresponde con todo cuanto es agravioso y humillante. Pero el velo por fin se ha rasgado: aun cuando la España quiso mantenernos en la oscuridad ya hemos visto la luz. Hemos roto nuestras cadenas; ya somos libres y nuestros enemigos pretenden que volvamos a la esclavitud. Ahora combatimos por nuestra libertad con despecho, y rara vez ocurre que una lucha desesperada no arrastre tras de sí la victoria.

Porque nuestros éxitos han sido parciales y alternados, ¿hemos acaso de desconfiar de nuestra fortuna? En algunas partes nuestros libertadores triunfan, mientras en otras los tiranos conservan sus ventajas. Pero el resultado, ¿cuál es? El conflicto, ¿no sigue en la balanza?, ¿no vemos a todo este Nuevo Mundo en movimiento, armado para defendernos? Echemos una ojeada a nuestro alrededor y veremos cómo una lucha simultánea cubre toda la superficie de este inmenso hemisferio.

La belicosa disposición de las provincias del Río de la Plata ha purgado ese territorio, y sus armas victoriosas penetran al Perú, conmueven a Arequipa y siembran la alarma entre los realistas de Lima. Casi un millón de habitantes goza de su libertad en esa región.

Sin duda el más sumiso, con su millón y medio de habitantes, es el Virreinato del Perú; y en favor de la causa real se le han arrancado los mayores sacrificios. A pesar de que son varias las relaciones concernientes a esa hermosa porción de la América, se sabe que dista mucho de estar tranquila, y no será capaz de detener ese irresistible torrente que amaga a las más de sus provincias.

La Nueva Granada, que puede considerarse el corazón de Sudamérica, obedece a su propio gobierno general, exceptuando el reino de Quito, cuya población contienen sus enemigos con dificultad, pues tiene una marcada preferencia por la causa de su patria; y las provincias de Panamá y de Santa Marta, que soportan, no sin descontento, la tiranía de sus amos. A través de todo este territorio están esparcidos dos millones y medio de habitantes que lo defienden contra el ejército español mandado por el general Morillo, quien probablemente será aniquilado frente a la inexpugnable plaza de Cartagena. Pero, de someterla, será a costa de tan inmensas pérdidas, que hallará el resto de su fuerza insuficiente para sojuzgar a los virtuosos y valientes habitantes del interior.

Los desastres de la heroica pero desdichada Venezuela han sido tan numerosos y han ocurrido con tan vertiginosa rapidez que, a pesar de haber sido una de esas hermosas provincias que constituían el orgullo de América, está ahora casi reducida a una absoluta miseria y a una lóbrega soledad. Sus tiranos gobiernan un desierto, y sólo pueden oprimir a los contados individuos que, habiendo burlado la muerte, arrastran una precaria existencia; unas pocas mujeres, algunos niños y ancianos, es todo cuanto queda. Por evitar la esclavitud, la inmensa mayoría de sus varones ha perecido, y los supervivientes combaten con furor en los Llanos y en las ciudades del interior, decididos a morir o a precipitar al mar a sus implacables enemigos, cuyos sangrientos crímenes los hacen dignos rivales de los primeros monstruos que exterminaron la primitiva raza de América. A Venezuela se le atribuía casi un millón de habitantes, y con toda veracidad puede afirmarse que una cuarta parte ha sido sacrificada por los terremotos, por la guerra, el hambre, la peste y las migraciones; estas causas, con excepción de la primera, son todas efectos de la guerra.

Según el barón de Humboldt, en 1808 había en la Nueva España, con inclusión de Guatemala, 7 800 000 almas. Desde aquella época, sin embargo, las insurrecciones que han agitado a casi todas sus provincias han disminuido sensiblemente ese cómputo que se consideraba exacto, pues como puede usted comprobarlo en la exposición del señor Walton, cuya obra describe con fidelidad los sangrientos crímenes cometidos en aquel opulento imperio, más de un millón de hombres ha perecido. A fuerza de sacrificios, humanos y de toda especie, la tremenda lucha se mantiene; los españoles a nadie perdonan con tal de subyugar a aquellos cuya desgracia es la de haber nacido en ese suelo, al que condenan a ser inundado con la sangre de sus propios hijos. Pero a pesar de todo, México será libre, porque sus hijos, determinados a vengar la suerte de sus padres o a seguirlos a la tumba, han abrazado la causa patria; y con Raynal dicen que al fin llegó el tiempo de pagar a los españoles suplicios con suplicios, y de ahogar a esa raza de exterminadores en su sangre o en el mar.[2]

Muy poca dificultad tienen los españoles en conservar las islas de Cuba y Puerto Rico, cuya población, que en conjunto llega a 700 000 u 800 000 almas, no está en contacto inmediato con los independientes. Pero, ¿acaso no son americanos?, ¿no son vejados?, ¿es que no desean su emancipación?

Este panorama abarca una escena militar de dos mil leguas de longitud, y en su mayor ancho, de 900 leguas de extensión, en la cual, defendiendo sus derechos o doblegándose bajo la opresión de la nación española, se encuentran dieciséis millones de americanos. Si España antes poseía el más vasto imperio del universo, ahora es impotente para dominar el Nuevo Mundo, e incluso incapaz de mantenerse en el Antiguo. Y Europa, esa región del mundo tan civilizada, comerciante y amiga de la libertad, ¿permitirá acaso que una vieja serpiente, con el propósito de satisfacer su depravado y perverso apetito, arruine y destruya la más bella porción del globo? ¡Qué! ¿Está Europa sorda al llamado de su propio interés? ¿Está ciega, que no puede discernir la justicia? ¿Se ha vuelto insensible a toda compasión? Mientras más reflexiono sobre estas cuestiones más me desconcierto; casi principio a creer que su propósito es aniquilar a la América. Pero esto es imposible, porque la Europa no es la España. ¡Qué demencia la de nuestra enemiga! Pre-

[2] He incluido la frase final porque hay una llamada en la versión inglesa a un pliego de correcciones que se ha perdido.

tender reconquistarnos sin marina, sin finanzas y casi sin soldados; pues su ejército es apenas suficiente para mantener a sus propios súbditos en una forzada obediencia y para defenderla de sus vecinos. Además, una nación como la España, sin manufacturas, sin producción propia, sin artes, ciencias, o siquiera una política mercantil,[3] ¿puede acaso monopolizar el comercio de la mitad del mundo? Pero supongamos que tenga éxito en su arrebatada empresa; supongamos, incluso, que obtenga una reconciliación: ¿acaso nuestra posteridad, aun unida a la de los europeos reconquistadores, no formará en veinte años esos mismos designios, grandes y patrióticos, por los que hoy día combatimos?

Si la Europa disuade a la España de su obstinada temeridad, indudablemente que le conferirá un gran beneficio; cuando menos, le evitará el desembolso de sus rentas y le impedirá el derramamiento de su sangre. España podrá entonces fijar su atención en ocupaciones loables y legítimas, y cimentar su prosperidad y poder sobre fundamentos más duraderos que los de conquistas siempre inciertas, de un comercio siempre precario, y de exacciones siempre violentas, pues se hacen a un pueblo remoto, hostil y poderoso. La misma Europa, fundándose en un principio de sapiencia y sagacidad, debería haber preparado y ejecutado el gran proyecto de la independencia americana, no sólo porque lo exige el equilibrio de poder

---

[3] El calificativo "mercantil" a la "política" parece indispensable.

entre las naciones, sino porque habría sido el método más legítimo y seguro de adquirir fuentes ultramarinas para su comercio. Libre como está de las opuestas pasiones de venganza, ambición y codicia que caracterizan a España, y autorizada por todos los principios de la equidad, le corresponde a Europa explicarle sus verdaderos intereses.

Como todos los escritores que han tratado este tema concuerdan con esta opinión, evidentemente esperábamos que todas las naciones ilustradas se adelantaran a secundarnos en la obtención de esas ventajas mutuamente benéficas a entrambos hemisferios. ¡Cuán decepcionados hemos quedado! Porque no sólo los europeos, sino aun nuestros hermanos los norteamericanos, han sido espectadores indiferentes de esta gran contienda que por la pureza de sus motivos y los grandes resultados que persigue, es la más importante de cuantas se han sucedido en los tiempos antiguos y en los modernos; porque, ¿cómo calcular la trascendencia de la libertad en el hemisferio de Colón?

"La infamia —como usted señala— con la que Bonaparte entrampó a Carlos IV y a Fernando VII, reyes de esa nación que hace tres siglos apresó traidoramente a dos monarcas americanos, es concluyente ejemplo de la retribución divina y, al mismo tiempo, una prueba de que el cielo favorece la justa causa de los colonos, y de que Dios nos concederá nuestra independencia."

De lo anterior parecería que alude usted a Moctezuma, rey de México, preso y muerto por Cortés, según nos dice Herrera, aunque Solís afirma que por el pueblo; y también a Atahualpa, Inca del Perú, destruido por Francisco Pizarro y por Diego Almagro. La diferencia que separa la suerte de los reyes españoles y los americanos es tan grande que no admite comparación; aquéllos son tratados con dignidad, preservados y al fin restaurados a su libertad, y Fernando al trono; en cambio, éstos sufren inauditos tormentos y padecen los vilipendios más vergonzosos. Si Cuauhtémoc, sucesor de Moctezuma, fue honrado con el ceremonial real y el *copilli* o corona colocada sobre su cabeza, fue por motivo de escarnio y no de respeto, a fin de que recordara su pasada grandeza antes de verse sometido a la tortura. La muerte del rey de Michoacán, Calzontzin, del Zipa de Bogotá, y de todos los príncipes, nobles y dignatarios indios que se opusieron al poder español fue semejante a la de este desgraciado monarca. El caso de Fernando VII más se parece a lo que ocurrió en Chile en 1535, cuando el Ulmen de Copiapó gobernaba aquel territorio. El español Almagro, tal cual lo hizo Bonaparte, pretextó defender la causa del legítimo soberano, y en consecuencia lo tildó de usurpador, como le sucedió a Fernando en España; aparentó restituir al legítimo monarca a sus estados, y terminó encadenando y quemando al infeliz Ulmen, sin escuchar siquiera su defensa. Pero si en el ejemplo de Fernando VII con su usurpador el monarca europeo meramente sufre el destierro, en cambio la suerte del chileno tiene un trágico fin.

"Durante los pasados meses —me dice usted— he reflexionado sobre la situación de los americanos y sobre sus esperanzas para el futuro. Tomo un gran interés en sus triunfos, pero tengo pocos informes sobre su estado actual, o sobre aquel al cual aspiran. Tengo inmensos deseos de conocer la población de cada provincia, así como su política; saber si anhelan repúblicas o monarquías —o bien, si formarán una gran república o una gran monarquía. Estimaré como un favor muy particular todas las noticias de esta especie que pueda dispensarme, o bien señalarme las fuentes donde las pueda obtener."

Las mentes generosas se interesan siempre en el destino de un pueblo que lucha por los derechos que Dios y la naturaleza le han dado, y sólo el que ha sido alucinado por sus prejuicios y sus pasiones puede mostrarse insensible a esta tierna emoción. Usted ha pensado en mi patria y se muestra angustiado por ella. Este cordial interés lo hace acreedor a mi apasionada gratitud.

Ya he señalado cuál es la población, tal como se colige de los varios datos que se nos suministran, pero que por mil razones no pueden ser exactos; casi todos los habitantes tienen moradas campestres, y como peones, cazadores y pastores, van con frecuencia errantes; escondidos en medio de selvas densas a la par que inmensas, y esparcidos en los grandes Llanos, aislados por extensos lagos y caudalosos ríos, ¿quién podrá hacer una relación completa de su número en tales comarcas? Además, los tributos que pagan los indígenas, los sufrimientos de los esclavos, los impuestos, diezmos y servicios que pesan sobre los jornaleros, así como otros desastres, arrojan de sus hogares a los pobres americanos. Esto, sin referirme a la guerra de exterminio que ya ha segado un octavo de la población y ha dispersado a la mayor parte; cuando la tomamos en cuenta, las dificultades para llegar a una justa estimación de la población y de los recursos son insuperables, y la lista de contribuyentes estará reducida a la mitad de sus estimaciones iniciales.

Es aún más difícil vaticinar cuál será la suerte del Nuevo Mundo, establecer algunos principios sobre su constitución política, y predecir la naturaleza o clase de gobierno que finalmente adoptará. Cualquier conjetura relativa al porvenir de esta nación me parece arriesgada y aventurada. Durante sus periodos iniciales, cuando la humanidad se hallaba obnubilada por la incertidumbre, la ignorancia y el error, ¿podía acaso haberse previsto el régimen que asumiría para su preservación? ¿Quién habría osado afirmar que tal nación será república, aquélla monarquía, ésa pequeña, la otra grande? En mi opinión, ésta es la descripción de nuestro estado. Formamos, por así decirlo, un pequeño género humano; poseemos un mundo aparte, cercado por diversos mares; extraños a casi todas las artes y las ciencias, aunque ya experimentados en los hábitos comunes a todas las sociedades civilizadas.

Considero que la América, en su estado actual, se asemeja al Imperio Romano cuando fue derrocado: cada desmembración formó por sí sola un sistema político conforme a su situación e intereses, o bien siguió la ambición particular de algunos jefes, familias o corporaciones, con una notable diferencia: que las tribus dispersas restablecieron sus antiguas costumbres alterándolas según lo exigían las circunstancias y los acontecimientos. Mas nosotros, que conservamos apenas un vestigio de nuestro estado anterior, no somos indios ni europeos, sino una raza intermedia entre los aborígenes y los usurpadores españoles; en suma, siendo americanos por nacimiento y nuestros derechos los de Europa, hemos de disputar y combatir por estos intereses contrarios, y hemos de perseverar en nuestros anhelos a pesar de la oposición de nuestros invasores, lo cual nos coloca en un dilema tan extraordinario como complicado. Es usar del don de la profecía opinar sobre cuál será el fundamento político que la América al fin adoptará. No obstante, me atreveré a ofrecerle algunas conjeturas, que un deseo irracional[4] arbitrariamente me dicta, dejando a un lado lo que la razón me indica como plausible.

Desde hace siglos la posición de los habitantes

[4] Para que la frase tenga sentido, debemos aceptar que Bolívar ofrece a continuación sus "deseos irracionales", y no "deseos racionales" como opuestos a "raciocinios probables", lo que es mera tautología; la explicación que aquí ofrece la confirma el final del párrafo 35°.

del hemisferio americano no tiene paralelo: sometidos a un estado inferior, aun al de la esclavitud, tuvimos las mayores dificultades para elevarnos al goce de la libertad. Permítame explayarme en algunas consideraciones como medio de ilustrar el tema. Las naciones son esclavas por la naturaleza de su constitución o por el abuso de ella; pero un pueblo es esclavo cuando el gobierno, por su esencia o por sus vicios, oprime, huella y usurpa los derechos de sus ciudadanos o súbditos. Si aplicamos estos principios, hallaremos que la América no sólo ha sido privada de su libertad, sino también de la tiranía activa, o sea de su posesión.[5] Me explicaré. En los gobiernos absolutos la autoridad de los funcionarios públicos no tiene límites; la ley suprema reside en la voluntad del Gran Sultán, del Khan, del Dey y de otros soberanos despóticos, y arbitrariamente la llevan a efecto los bajaes, sátrapas y gobernadores subalternos de Persia y de Turquía, donde se ha organizado un completo sistema de opresión, al que se somete el pueblo en razón de la autoridad de la cual emana. A estos oficiales subalternos se les confía la administración civil, militar y política, el cobro de impuestos y la protección de la religión. Pero, después de todo, son persas los jefes

[5] En los borradores en inglés encontramos estos dos textos: "Active Tyranny and/or dominion"; la traducción de Yanes-Mendoza es: "Tiranía activa y dominante"; el Discurso ante el Congreso de Angostura, que quizá corrige el texto de 1815, habla de "tiranía activa y doméstica".

de Ispahan, turcos los visires del Gran Señor, y tártaros los Khanes de la Tartaria. En la China no mandan buscar a sus mandarines, militares y letrados al país de Gengis Khan que la conquistó, no obstante que la raza actual de los chinos es descendiente directa de aquellas tribus a las que subyugaran las antecesores de los actuales tártaros.

Muy distinto es entre nosotros: se nos veja con un gobierno que además de privarnos de esos derechos que son nuestros, nos deja en una especie de infancia permanente en todo cuanto se relaciona con los negocios públicos. Es por esta razón por la que afirmo que estamos privados de la tiranía activa, pues ni siquiera se nos permite el ejercicio de las funciones que le son propias. Si oportunamente hubiésemos dirigido los asuntos domésticos en nuestra administración interna, al menos conoceríamos el curso y mecanismo de los negocios públicos, y gozaríamos asimismo de esa consideración personal que despierta en el pueblo ciertas formas de respeto, y que es indispensable conservar en toda revolución.

Bajo el orden español, que hoy en día se impone quizá con mayor rigor que nunca, los americanos ocupan en la comunidad el lugar de las bestias de laboreo o, cuando más, el de simples consumidores embarazados con abrumadoras restricciones; por ejemplo, se nos prohíben los productos europeos, se estancan los artículos que monopoliza el rey de España, se excluyen las manufacturas que la propia Península no posee, se extienden hasta abarcar los artículos de primera necesidad los excluyentes privilegios comerciales, y entre las provincias americanas se interponen trabas para impedirles toda comunicación y comercio. En fin, si desea usted saber cuál es nuestra condición, le diré que consiste en cultivar los campos para que produzcan añil y grana, café y cacao, azúcar y algodón; en criar ganado; en capturar los animales selváticos para conseguir sus pieles, y en cavar las entrañas de la tierra para hallar el oro capaz de saciar a esa avarienta nación.

Nuestra condición es tan negativa que nada puedo hallar que la iguale en otras sociedades civilizadas, a pesar de que he consultado la historia de todos los tiempos y las instituciones de todas las naciones; salvo tal vez que se nos pueda comparar con los egipcios, cuyos señores son siempre los extranjeros mamelucos. ¿Acaso no es un ultraje, una violación de los derechos de la humanidad, pretender que sea meramente pasiva una nación tan felizmente constituida, tan extensa, rica y populosa?

Como acabo de afirmarlo, estamos aislados, más aún —diría yo— ausentes del universo en todo cuanto se refiere a la ciencia de la política y a la administración pública. Salvo causas extraordinarias, nunca somos gobernadores o virreyes; muy pocas veces obispos o arzobispos; nunca diplomáticos; militares, sólo como oficiales subalternos; nobles sí, pero sin verdaderos privilegios; nunca magistrados, nunca financistas, y en verdad casi ni mercaderes. Y todo esto, en contravención directa a nuestras instituciones.

El emperador Carlos V celebró con los descubridores, conquistadores y pobladores de la América un pacto que Guerra llama nuestro contrato social. Los reyes de España, salvaguardando expresamente las prerrogativas reales, convinieron formal y solemnemente en que fuesen aquellos quienes a su propio riesgo lo llevaran a efecto, y por esta razón les otorgaron títulos locales que los hicieron señores de la tierra. A ellos se les encomendó que tomasen a los indígenas bajo su protección como vasallos; que estableciesen tribunales y nombrasen jueces; que ejerciesen en sus propios distritos el recurso de alzada; todo lo cual, con muchos otros privilegios e inmunidades que sería prolijo detallar, se encuentra en el título IV de las Leyes de Indias. El monarca se comprometió a no perturbar jamás las colonias americanas, pues no tenía sobre ellas otra jurisdicción que la del supremo dominio, y ellas constituían una especie de propiedad en manos de los conquistadores y de sus descendientes. ¿Cómo hemos de admitir, pues, que al mismo tiempo haya leyes expresas que casi sin excepción decretan que los oriundos de la España recibirán todos los nombramientos civiles, eclesiásticos y financieros? Por virtud de dicho pacto los descendientes de los primeros pobladores y descubridores de la América son verdaderos feudatarios del rey, y en consecuencia la magistratura del país les pertenece como un derecho. Es, pues, con una manifiesta violación de todas las leyes y pactos en vigor como los americanos por nacimiento han sido despojados de esa autoridad constitucional que les confirieron las Leyes de Indias.

De cuanto he dicho es fácil inferir que la América no estaba preparada para separarse de la Madre Patria como tan bruscamente lo hizo, impulsada por esas ilegítimas cesiones de Bayona (las cuales, en cuanto a nosotros respecta, eran nulas como contrarias a nuestra constitución), y por esas inicuas guerras que la Regencia nos declaró, sin causa alguna, no sólo contrariando la justicia sino también el derecho. Con respecto a la naturaleza de los gobiernos españoles, a sus decretos conminatorios y hostiles, y a toda la trayectoria de su desesperada conducta, existen algunos excelentes escritos publicados en el periódico *El Español* por el señor Blanco, al que me permito referir a usted, pues trata muy hábilmente esta parte de nuestra historia.

Los americanos surgieron bruscamente, sin conocimiento de lo que iba a ocurrir, y lo que es aún más patético, sin esa práctica en los negocios públicos que es indispensable para llevar a buen fin cualquier empresa política. Digo, pues, que súbitamente avanzaron hasta ocupar las eminentes dignidades de legisladores, magistrados, comisarios del tesoro nacional, diplomáticos, generales, y todas las funciones altas y bajas que forman la jerarquía de un estado regularmente constituido.

Cuando las águilas francesas, arrollando en su vuelo los impotentes gobiernos de la Península, respetaron apenas los muros de Cádiz, quedamos en la orfandad. Si antes habíamos sido entregados al arbitrio de un usurpador extranjero, ahora fuimos lisonjeados con una parodia de justicia y burlados con esperanzas siempre frustradas; al fin, inciertos sobre nuestro futuro, nos precipitamos en el caos de la revolución. Nuestro primer cuidado fue proveer a la seguridad interior contra las maquinaciones de ocultos enemigos, alimentados en nuestro seno. Después nos ocupamos de la seguridad exterior, y establecimos autoridades que sustituyeron a las depuestas, a fin de dirigir el curso de nuestra evolución y de aprovechar una coyuntura favorable para fundar un gobierno constitucional, digno de la edad presente y adecuado a nuestra situación.

Como primeras providencias, todos los gobiernos infantinos[6] establecieron juntas populares, las cuales fijaron normas para la convocación de congresos, que a su vez produjeron importantes cambios. Venezuela erigió primero un gobierno federal y democrático, declarando previamente los derechos del hombre, manteniendo un justo equilibrio entre los poderes, y promulgando leyes generales favorables a la libertad civil, a la de prensa, así como a muchas otras. La Nueva Granada tam-

[6] El galicismo "infantino", que Bolívar repite en la Elegía del Cuzco, aparece en el texto inglés y lo he conservado.

bién optó por este fundamento político, así como siguió todas las reformas hechas por Venezuela, adoptando como principio cardinal de su constitución el más exagerado sistema federal que jamás existió; lo ha mejorado recientemente, con muchas enmiendas que fortalecen el poder ejecutivo general. Según entiendo, Buenos Aires y Chile han seguido estos ejemplos; pero como nos hallamos a tanta distancia de aquellos territorios y los documentos son tan raros y los relatos tan imperfectos, no intentaré describir el curso de sus acuerdos. Entre ellos existe, sin embargo, una diferencia muy notable en un punto esencial: Venezuela y la Nueva Granada han declarado su independencia desde hace ya tiempo; hasta ahora no se sabe si Buenos Aires y Chile lo han hecho.

Los sucesos en México han sido demasiado mudables, complicados, rápidos y desdichados para permitir seguirlos a través de la revolución; carecemos, además, de documentos que nos instruyan y que nos permitan un juicio correcto. Por lo que sabemos, los independientes mexicanos iniciaron su insurrección en septiembre de 1810, y un año después habían reunido un gobierno en Zitácuaro, designando una Junta nacional bajo los auspicios de Fernando VII, en cuyo nombre se continuaba gobernando. Se observa, pues, un aparente sometimiento al rey y a la constitución de la monarquía, que se conserva por motivos de conveniencia; pero la Junta nacional, cuyos miembros son muy pocos, es absoluta en el ejercicio de sus funciones legislativa, ejecutiva y judicial.[7] A consecuencia de los desastres de la guerra, esta Junta se trasladó a distintos lugares, y es muy probable que hoy continúe, con las modificaciones surgidas de la naturaleza de las actuales circunstancias. Nombran algunos al general Morelos, en tanto hablan otros del celebérrimo Rayón para el puesto de generalísimo o dictador, que se dice han creado; parece seguro que uno de estos héroes, o quizás los dos separadamente, ejercen la autoridad suprema en esas latitudes. En marzo de 1813, desde Zultepec, ese gobierno presentó al virrey un plan para la guerra y la paz muy sabiamente concebido; en él reclamaba los derechos de ciudadanía, y respecto a la América, establecía principios de incontrovertible justeza que a toda costa debían ser respetados a fin de evitar que la guerra fuese conducida a sangre y fuego, o con carnicerías desconocidas aun entre los bárbaros. Puesto que la guerra se hacía entre hermanos y conciudadanos, la Junta propuso que no fuese más cruel que entre naciones extranjeras; que los derechos del pueblo y las costumbres de la guerra, inviolables para las mismas naciones inciviles y salvajes, con mayor razón se respetaran entre cristianos, súbditos de un mismo soberano y gobernados por las mismas leyes. Propuso asimismo que los prisioneros no fuesen tratados como reos de

[7] La frase anterior, que aparece al final del párrafo sobre México, evidentemente fue trastocada por el traductor; la he incluido en su lugar probable.

lesa majestad, sino conservados como rehenes para ser canjeados; pidió que no se violentara a los que rendían sus armas, sino fuesen tratados como prisioneros de guerra; que no se entrase a sangre y fuego en ninguna población indefensa y pacífica, ni sus habitantes quintados o diezmados; y concluía que de rechazarse su plan, ejercería rigurosamente las represalias. A la Junta no se le respondió, y su propuesta, tratada con el mayor desprecio, fue quemada públicamente en la plaza de México por mano del verdugo. Y los españoles continuaron la guerra de exterminio con su habitual furia, en tanto que ni los mexicanos, ni otra alguna de las naciones americanas, condenaban a muerte a sus prisioneros de guerra, aunque europeos.

Los acontecimientos de la Tierra Firme comprueban que las instituciones puramente representativas no son adecuadas a nuestro carácter, costumbres y luces. En Caracas, el espíritu de discordia se originó en esas sociedades, asambleas y elecciones populares, de donde surgieron los partidos que nos redujeron a la servidumbre. Y en nuestra inestable situación, Venezuela, que entre nosotros ha sido la república más adelantada en sus instituciones políticas, nos ofrece un notable ejemplo de la ineficacia de un sistema gubernativo federal y democrático. En la Nueva Granada las excesivas facultades de los gobiernos provinciales y la carencia de vigor y de capacidad por parte del ejecutivo general, han reducido ese hermoso país al estado en que ahora lo vemos; por esta razón siempre han ardido allí las contiendas intestinas, y contra toda probabilidad sus incapaces enemigos han podido mantenerse. Hasta que nuestros patriotas adquieran esos talentos y virtudes políticas que distinguen a nuestros hermanos de Norteamérica, mucho me temo que nuestros sistemas populares, lejos de sernos favorables, motivarán nuestra ruina. En su debida perfección esas buenas cualidades parecen desgraciadamente muy distintas de nosotros, en tanto sigamos infectados por los vicios contraídos bajo el dominio de la nación española, la cual sólo se ha distinguido por su ferocidad, ambición, vengatividad y codicia.

Rescatar a una nación de la esclavitud es más difícil que subyugar a una libre, nos dice Montesquieu; y la historia de todos los tiempos comprueba esta verdad, pues nos ofrece muchos ejemplos de naciones libres sometidas al yugo, pero muy pocas naciones esclavas que recobran su libertad. Los habitantes de este continente, no obstante esta convicción, han mostrado el deseo de formar instituciones liberales y aun perfectas, sin duda movidos por ese instinto que todos los hombres poseen y que les hace aspirar a la mayor suma de felicidad posible, la cual sólo puede obtenerse en esas sociedades civiles fundadas sobre los grandes principios de la justicia, la libertad y la igualdad. Pero ¿acaso seremos capaces de mantener en su verdadero equilibrio la difícil carga de una república? ¿Hemos de suponer que un pueblo aliviado apenas de sus cadenas puede enseguida volar hasta la esfera de la libertad? ¡Como a Ícaro, se le aflojarían sus alas y caería de nuevo al abismo! Semejante prodigio es inconcebible; en verdad, nunca se ha visto. No hay, en consecuencia, ningún raciocinio probable que pueda sustentarnos en esta expectativa.

Yo deseo más que otro alguno ver a la América convertida en la más grande nación del universo, menos por su extensión y riquezas que por su libertad y gloria. Aunque aspiro e incluso anticipo la perfección del gobierno de mi patria, no puedo persuadirme que el Nuevo Mundo será regido como una sola y gran república. Como es imposible, no lo deseo; y aún menos deseo ver a la América convertida en una sola y universal monarquía, porque este proyecto, sin ser útil, es también imposible: los abusos que actualmente existen no serían reformados y nuestra regeneración sería infructuosa; estos Estados Americanos han menester de los cuidados de gobiernos paternales que curen las llagas y las heridas que el despotismo y las guerras les han infligido. La metrópoli, por ejemplo, podría ser México, que es el único lugar propicio, dado su poder intrínseco, sin el cual no hay metrópoli. Pero aun suponiendo que lo sea el Istmo de Panamá, como punto central de este vasto continente, ¿acaso los extremos de éste no continuarían en su languidez y aun en su actual desorden? Para que un solo gobierno dé vida, anime y ponga en actividad todos los recursos de la prosperidad pública, a fin de corregir, ilustrar y perfeccionar al Nuevo Mundo, requeriría en verdad facultades divinas o, cuando menos, las luces y virtudes de toda la humanidad.

Ante la ausencia de un poder capaz de restringirlo, ese espíritu de discordia que ahora aflige a nuestros Estados ardería entonces con mayor furia. Además, los magistrados de las principales ciudades no permitirían la preponderancia de los metropolitanos, antes bien los considerarían como a otros tantos tiranos, y sus celos los llevarían hasta llegar a compararlos con los odiosos españoles. En fin, esa monarquía sería como un diforme coloso, que a la menor convulsión se vería desplomado por su propio peso.

El abate de Pradt muy sabiamente ha dividido la América en quince o diecisiete diversos estados, independientes entre sí, y gobernados por otros tantos monarcas. Yo estoy de acuerdo con él en cuanto a su división, pues la América constará de diecisiete naciones; en cuanto a las monarquías americanas, más asequibles pero menos útiles, no apoyo su opinión en favor de ellas. He aquí mis razones. El interés de una república, si lo entendemos bien, se circunscribe a su conservación, prosperidad y gloria; mas no debe ejercitar esa libertad imperialmente, porque esto es, precisamente, contradecirla; ningún estímulo excita a los republicanos a extender las fronteras de su nación en detrimento de su bienestar, o con el único propósito de inducir a sus vecinos a que participen en una constitución liberal. Al conquistarlos no adquieren ningún derecho, ningunas ventajas, a menos que siguiendo el ejemplo de Roma los conviertan en conquistas, los reduzcan a colonias o aliados. Tales máximas y ejemplos están en oposición directa con los principios de justicia en los sistemas republicanos; diré aún más: están en oposición manifiesta a los intereses del pueblo; porque cuando un Estado llega a ser demasiado extenso, en sí mismo o por sus dependencias, cae en la confusión, convierte su libertad formal en una especie de tiranía y abandona los principios que debieran preservarla; y al cabo, degenera en el despotismo. La duración es la esencia de las pequeñas repúblicas, y si la de las grandes es variable, siempre se inclina al imperio. Casi todas las primeras han tenido una larga duración; de las segundas, sólo Roma se mantuvo a través de las edades; pero esto se debe a que sólo Roma era una república, y no así el resto de sus territorios, que eran gobernados por leyes e instituciones diversas.

Muy diferente es la política de un monarca, cuya atención constantemente se dirige al aumento de sus posesiones, de sus riquezas y de sus prerrogativas. Y con razón, porque su autoridad aumenta con estas adquisiciones, tanto con relación a sus vecinos como a sus propios súbditos, pues unos y otros temen el formidable poder de su imperio, el cual se conserva por la guerra y la conquista. Pienso por estas razones que los americanos, deseosos de la paz, de las ciencias, las artes, del comercio y la agricultura, preferirán las repúblicas a las monarquías, y creo que este anhelo corresponde a las miras que la Europa tiene hacia nosotros.

No apruebo el sistema federal, entre popular y representativo, que es demasiado perfecto y que requiere virtudes y talentos políticos muy superiores a los nuestros. Por igual razón rechazo la monarquía compuesta de aristocracia y democracia, que ha elevado a la Inglaterra a tal fortuna y esplendor. Como no es posible seleccionar un sistema completo y adecuado entre repúblicas y monarquías, nos contentaremos con evitar anarquías dogmáticas y tiranías onerosas, extremos que por igual nos conducirían a la infelicidad y al deshonor, y buscaremos un justo medio. Me aventuraré, pues, a exponerle los resultados de mis pensamientos y especulaciones sobre el mejor destino de la América: tal vez no el mejor, pero sí aquel que le será más asequible.

Por la situación, riquezas, población y carácter de los mexicanos, imagino que primero establecerán una república representativa en la cual el poder ejecutivo tendrá grandes atribuciones y estará concentrado en un individuo, de quien, si desempeña sus funciones con diligencia y con justicia, es propio suponer que conservará una autoridad duradera. Para el caso de que su incapacidad o violenta administración excite una conmoción popular que resulte triunfante, el verdadero poder ejecutivo se difundirá en una asamblea. Si el preponderante es el partido militar o aristocrático, fundará probablemente una monarquía constitucional y limitada en un principio, pero que inevitablemente declinará en absoluta; porque debemos convenir que nada es más difícil en el orden político que la conservación de una monarquía mixta; y es igualmente cierto que sólo una nación tan patriota como la inglesa puede someterse a la autoridad real y mantener el espíritu de libertad bajo el imperio del cetro y de la corona.

Las provincias del Istmo de Panamá, hasta Guatemala, formarán tal vez una asociación. Este magnífico territorio entre los dos océanos podrá con el tiempo convertirse en el emporio del universo: sus canales acortarán las distancias del mundo, amplificando el intercambio comercial entre Europa, Asia y América, y traerán a esa dichosa región los productos de las cuatro partes del Globo. Es sólo aquí tal vez donde se asentará algún día la capital de la tierra, como lo fue Bizancio bajo Constantino para el Viejo Mundo.

La Nueva Granada se unirá con Venezuela si concuerdan en formar una república central, y por su situación y ventajas, la capital será Maracaibo. Como es mi suelo nativo, tengo el indiscutible derecho de desearle lo que en mi opinión puede serle más ventajoso. Su gobierno emulará, pues, al británico, pero como anhelo una república, en lugar de un rey tendrá un poder ejecutivo electivo, vitalicio tal vez, nunca hereditario. Su constitución será ecléctica, con lo cual se evitará que participe de todos los vicios; tendrá una cámara o senado hereditario, que en las tempestades políticas se interpondrá entre las olas de las comunicaciones populares y los rayos del gobierno; y otro cuerpo legislativo de libre elección, sin más restricciones que las impuestas a la Cámara de los Comunes.[8]

Como la Nueva Granada es extremadamente adicta al federalismo, es posible que no consienta en reconocer a un gobierno central, en cuyo caso formaría por sí sola un estado que perduraría feliz por las muy grandes y variadas ventajas que posee.

Poco sabemos de las opiniones que prevalecen en Buenos Aires, Chile y Perú, pero juzgando por lo que se transluce y por las apariencias, es propio suponer que en Buenos Aires habrá un gobierno central que manejarán los militares, debido a las disensiones intestinas y a las guerras exteriores de aquellas provincias. Su constitución por fuerza degenerará en una oligarquía, o bien en una monarquía sujeta a ciertas restricciones, y cuya denominación es imposible adivinar. ¡Cuán doloroso sería que tal cosa sucediera, pues sus habitantes son acreedores a la más espléndida gloria![9]

El designio de la naturaleza, la singularidad de su territorio, las inocentes y virtuosas costumbres

[8] Este párrafo es de muy difícil interpretación por los agregados posteriores (ciudad Las Casas), por la transposición que el traductor hizo de dos frases que seguramente iban en medio del párrafo y no al final, y por las muchas correcciones y tachaduras del borrador.

[9] Se respeta la adición de la última frase en la versión española por la llamada al perdido pliego de enmiendas, pero poniéndola, como en lo referente a Chile, según el texto inglés, con puntos de exclamación.

de sus habitantes, y el ejemplo de sus vecinos, los fieros republicanos del Arauco, todo, todo coadyuva a que el reino de Chile goce las bendiciones que emanan de las justas y moderadas leyes de una república. Me inclino a pensar que si en alguna parte de América ese sistema de gobierno continúa por largo tiempo, ello será en Chile; jamás se ha extinguido allí el espíritu de libertad; los vicios de Europa y de Asia sólo muy tardíamente —y quizá nunca— pervertirán las virtudes de esa parte de la tierra. Lo restricto de su territorio, lo alejado que siempre estará de la contagiosa influencia del resto de la humanidad, hará que nunca se contaminen sus leyes, usos y costumbres, y que pueda conservar su uniformidad en cuanto a opiniones políticas y religiosas. En una palabra: ¡Chile puede ser libre!

El Perú, por el contrario, sufre dos azotes que son los enemigos de todo régimen liberal y justo: el oro y los esclavos; el primero lo corrompe todo; el segundo está corrompido por sí mismo. El alma de un siervo rara vez alcanza el goce de la libertad racional: se enfurece en los tumultos o se humilla en las cadenas. Aunque estos preceptos pueden ser aplicables a toda la América, más lo son a Lima, por las opiniones que ya he expuesto, y por la cooperación que ha prestado a sus amos contra sus propios hermanos, los héroes de Quito, Chile y Buenos Aires. Es un axioma que quienes aspiran a recobrar la libertad, por lo menos lo intentan con sinceridad, y yo opino que las altas clases limeñas no tolerarán la democracia, ni los esclavos y libertos una aristocracia; aquéllos preferirán la tiranía de un individuo con tal de verse exceptuados de gravosas persecuciones y de establecer la regularidad en el orden de las cosas. Mucho temo que los peruanos con dificultad logren rescatar su independencia.

De todo cuanto he dicho, podemos deducir las siguientes conclusiones: las provincias americanas luchan ahora por su emancipación; al fin obtendrán éxito; algunas se constituirán regularmente como repúblicas, federales o centrales; los territorios más extensos seguramente fundarán monarquías; y algunas echarán por tierra sus principios, ya en la pugna actual, ya en futuras revoluciones; una gran república es imposible; una gran monarquía, muy difícil de consolidar.

Qué idea más grandiosa, la de moldear al Nuevo Mundo en una gran nación, enlazada por un solo y gran vínculo; profesando la misma religión, unido por la lengua, el origen y las costumbres, debe tener un solo gobierno para incorporar los diferentes estados que puedan formarse. Pero esto es imposible, porque lo remoto de sus regiones, lo diverso de sus situaciones, lo contencioso de sus intereses y lo diferente de sus caracteres, dividen a la América.

¡Cuán sublime sería el espectáculo si el Istmo de Panamá fuese para nosotros lo que el de Corinto para los griegos! Ojalá que algún día tengamos la dicha de instalar allí en un augusto congreso a los representantes de repúblicas, reinos e imperios, y de negociar y tratar con las naciones de las otras tres partes del globo las grandes e interesantes cuestiones de la guerra y de la paz. Esta especie de corporación muy posiblemente ocurrirá durante la[10] dichosa época de nuestra regeneración. Cualquier otra expectativa es vana, como lo es por ejemplo la del abate Saint Pierre, quien con laudable delirio concibió la idea de reunir un congreso europeo para decidir sobre la suerte y los intereses de aquellas naciones.

"Los esfuerzos individuales, según advierte usted en su carta, con frecuencia producen cambios felices e importantes. Entre los americanos existe una tradición que relata cómo Quetzalcóatl, el Buda o Woden de Sudamérica, renunció a su poder y se apartó de ellos, prometiéndoles que transcurrido el tiempo asignado volvería para reponer su gobierno y restaurar su felicidad. Como esta tradición fortalece entre ellos la creencia de que pronto reaparecerá, calcule usted, señor, cuáles serán los efectos producidos por la aparición de un individuo que personifique el carácter de Quetzalcóatl, el Buda o Woden de quien tanto han hablado las otras naciones. ¿No cree usted que resultaría en la elevación de un partido patriótico de suficiente magnitud para compeler o inducir la unión de todos? ¿Y no es la unión lo que se requiere a fin de

[10] No puedo creer que el traductor le haya sido fiel al Libertador poniendo el adjetivo indefinido "alguna"; el artículo "la" es imperativo.

ponerlos en condiciones de expulsar a las tropas españolas y a los otros partidarios de la corrompida España, y de establecer un poderoso imperio, con un gobierno libre bajo leyes liberales?"

Convengo con usted en que los esfuerzos individuales pueden ser causa de eventos generales, en particular durante las revoluciones. Pero Quetzalcóatl, el héroe y profeta del Anáhuac, no es el capaz de efectuar los prodigiosos beneficios que usted contempla. Este personaje es apenas conocido por los mexicanos, y no precisamente con ventaja; porque éste es el destino de los vencidos, aun cuando sean dioses. Sólo historiadores y literatos se han cuidado de investigar su origen, la verdad o falsedad de su misión, sus profecías y el fin de su carrera. Se discute si acaso fue un apóstol de Cristo o un pagano; algunos suponen que su nombre, en lengua mexicana y en la china quiere decir Santo Tomás; otros, como Torquemada, que significa serpiente emplumada; algunos más, que es el famoso profeta de Yucatán, Chilam Cambal. Sobre el verdadero carácter de Quetzalcóatl los más de los autores mexicanos, polemistas e historiadores, religiosos[11] y profanos, han tratado con mayor o menor prolijidad. Acosta dice que estableció una religión cuyos ritos, dogmas y misterios muestran una admirable afinidad con la de Cristo, y que tal vez se le parezca más que ninguna otra. A pesar de ello, muchos escritores cató-

[11] El resto del párrafo hace necesario añadir este calificativo.

licos se han ingeniado para denegar que este profeta fuese verdadero, y se han rehusado a reconocer en él a Santo Tomás, como lo afirman otros célebres autores. La opinión general es que Quetzalcóatl fue un legislador divino entre las tribus paganas de Anáhuac, lugar que poseyó el gran Moctezuma, quien derivaba de aquél su autoridad. De esto deduzco que los mexicanos no seguirán al pagano Quetzalcóatl aun cuando apareciese bajo circunstancias ideales, pues profesan una religión que es la más intolerable y privativa de todas.

Por fortuna, los promotores de la independencia mexicana han aprovechado con diligencia el fanatismo hoy en boga, proclamando a la famosa virgen de Guadalupe como reina de los patriotas, invocándola en todos los casos arduos, y llevándola en sus banderas. Por este medio el entusiasmo político se ha unido con la religión, y ha producido un vehemente fervor por la sagrada causa de la libertad. La veneración de que goza esta imagen en México es superior a la más exaltada que pudiera inspirar el más diestro y afortunado profeta.

Por lo demás, la época de estas visitaciones celestes ha pasado; y aun si los americanos fuesen más supersticiosos de lo que realmente son, no darían crédito a las doctrinas de un impostor, quien además sería considerado como un cismático, o bien como el anticristo anunciado por nuestra religión.

Para completar la obra de nuestra regeneración es ciertamente la unión la que nos falta. Nuestra división, sin embargo, no debe sorprender a usted, porque es la marca característica de todas las guerras civiles, hechura de dos partidos: los amigos de los ritos establecidos, y los reformadores. Los primeros son por lo común los más numerosos, porque el imperio de la costumbre genera la obediencia a las autoridades ya constituidas; los últimos son siempre menores en número, pero más ardientes[12] y entusiastas. Ocurre así que el poderío físico se equilibra con la fuerza moral, y el conflicto se prolonga con resultados inciertos. Por fortuna para nosotros, la mayoría del pueblo ha seguido sus propios sentimientos.

Yo le diré a usted lo que nos permitirá expulsar a los españoles y fundar un gobierno libre; ciertamente la unión, pero una unión consecuencia de medidas enérgicas y de bien dirigidos esfuerzos, y no de prodigios sobrenaturales. La América queda sola, abandonada por todas las naciones, aislada en el centro del universo, sin relaciones diplomáticas ni auxilios militares, y combatida por una España que posee más elementos bélicos que cuantos podemos ahora adquirir.

Cuando los éxitos son dudosos, cuando el Estado es débil y las esperanzas son remotas, todos los hombres vacilan, las opiniones se dividen, las pasiones se enardecen, y todo esto es fomentado

---

[12] El error del traductor, al poner "ardous", es patente; la versión Y-M lo traduce por "vehemente"; he preferido "ardiente" por suponer una traducción literal al inglés y, además, evitar el pleonasmo.